MODESTO GARCÍA · ILLUSTRATIONEN VON JAVI DE CASTRO

WER IST DER MÖRDER?

MODESTO GARCÍA · ILLUSTRATIONEN VON JAVI DE CASTRO

WER IST DER MÖRDER?

Spannende Kriminalfälle
selbst lösen

Aus dem Spanischen von Angelika Pfaller

YES

Dieses Projekt wurde mit der Unterstützung von Acción Cultural Española (AC/E) ermöglicht.

AC/E
ACCIÓN CULTURAL
ESPAÑOLA

1. Auflage 2022

Türkenstraße 89, 80799 München
info@yes-publishing.de

Die spanische Originalausgabe erschien 2021 bei Plaza & Janes, Penguin Random House Grupo Editorial, S. A. U., Barcelona, unter dem Titel *Crímenes ilustrados*.

Redaktion: Kristin Lohmann, Katharina Diestelmeier
Umschlaggestaltung: Ivan Kurylenko (hortasar covers)
Audioaufnahmen gesprochen von: Dagmar Bittner und Lorenz Gerhard
Audioaufnahmen: Wellenwerkstatt Tonstudio München, Matthias Wimmer
Satz: Tobias Prießner
Druck: Livonia Print, Riga
Printed in Latvia

FSC www.fsc.org
MIX
Papier | Fördert gute Waldnutzung
FSC® C002795

ISBN Print 978-3-96905-168-9
ISBN E-Book (EPUB, Mobi) 978-3-96905-170-2
ISBN E-Book (PDF) 978-3-96905-169-2

Dieses Buch ist allen begeisterten Hobbydetektiven gewidmet, die online an diesen Kriminalfällen Spaß gehabt und sie im Netz geteilt haben. Dank ihnen war mein Pandemie-Jahr von Spiel und Kreativität bestimmt; ihnen verdanke ich dieses Buch.

INHALTSVERZEICHNIS

DIE FÄLLE

Jeder Fall in diesem Buch funktioniert für sich allein und ist von den anderen Fällen unabhängig. Du kannst die Reihenfolge also selbst bestimmen. Welches Verbrechen möchtest du heute aufklären?

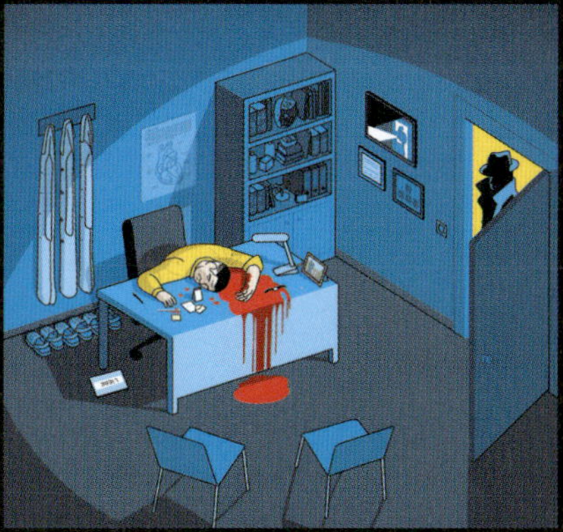

DIE ACHT SCHLÜSSEL ZUR LÖSUNG DER KRIMINALFÄLLE

Dieses Buch führt dich an zwölf Verbrechensschauplätze. Analysiere die Tatorte akribisch und mit detektivischem Gespür. So wirst du der Wahrheit auf die Spur kommen und den Mördern spielerisch das Handwerk legen. Die folgenden acht Schlüssel helfen dir dabei.

1. ZIEL

Ein mutmaßlicher Selbstmord im Hotelzimmer, ein reicher Unternehmer, der im Pool ertrunken ist, ein hinterrücks erstochener Butler, eine Schauspielerin, die erhängt in ihrer Garderobe aufgefunden wird ... Jeder Fall stellt dich vor eine neue Situation, aber als Detektiv oder Detektivin hast du immer dasselbe Ziel: herauszufinden, was passiert ist und wer es getan hat.

2. REIHENFOLGE

Die Fälle hängen nicht zusammen, du kannst also bei jedem x-beliebigen anfangen. Suche dir einfach den Tatort aus, der dich am meisten interessiert, und nimm deine Ermittlungen auf. Auch dabei musst du keine bestimmte Reihenfolge einhalten. Folge einfach deinem Instinkt und nimm das Szenario genau unter die Lupe.

3. SCHILDER

An jedem Tatort findest du mehrere Hinweise. Damit sind Gegenstände gekennzeichnet, die auf einer der folgenden Buchseiten genauer untersucht werden können: Schubladen, Bilder, Zeitungen usw. Sie liefern dir weitere Puzzleteile zur Lösung des Falls.

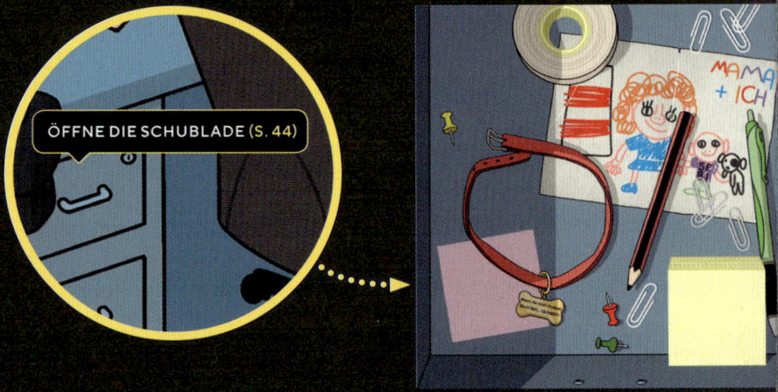

4. HILFSMITTEL

Ein guter Detektiv sollte alle verfügbaren Hilfsmittel nutzen, auch Mobiltelefon und Internet. Verwende Suchmaschinen, Online-Übersetzer, Karten – einfach alles, was dir dabei helfen könnte, den Fall aufzuklären.

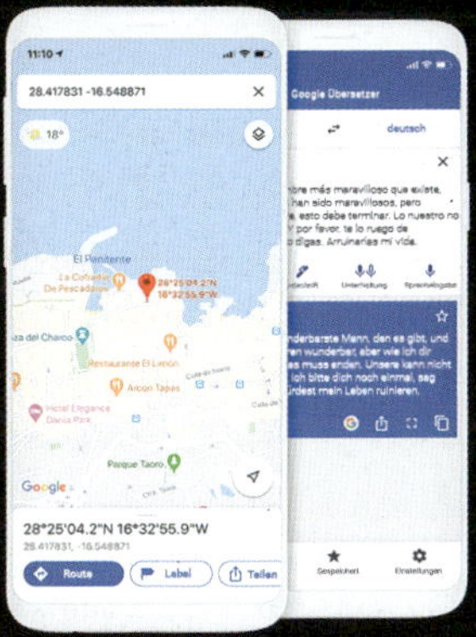

5. NOTIZEN

Bei jedem Fall wirst du dir Codes, Buchstaben, Zahlen oder Namen notieren müssen, um Zusammenhänge herzustellen und Rätsel zu lösen. Halte deshalb immer Stift und Papier bereit, um dir Notizen machen zu können.

6. VERSTÄRKUNG

Jeder Sherlock braucht seinen Watson. Deshalb empfehlen wir dir, die Ermittlungen zusammen mit jemandem aus deinem Freundeskreis oder deiner Familie in Angriff zu nehmen. Zu zweit seid ihr bestimmt erfolgreicher und habt außerdem mehr Spaß

7. ZUSATZHINWEISE

Egal ob allein oder in Begleitung, es ist immer möglich, dass die Ermittlungen ins Stocken geraten. Aus diesem Grund gibt es zu jedem Fall drei Zusatzhinweise, die du mithilfe eines Spiegels lesen kannst. Die Fälle sind zwar so konzipiert, dass sie auch ohne Zusatzhinweise gelöst werden können, aber selbst die besten Detektive kommen eben manchmal einfach nicht weiter.

Gehe sparsam mit den Hinweisen um und lies nicht alle auf einmal. Vielleicht bringt dich schon der erste auf die richtige Spur. Vielleicht brauchst du auch zwei. Oder alle drei. Du allein entscheidest, wie viele zusätzliche Hinweise nötig sind, um den Fall aufzuklären.

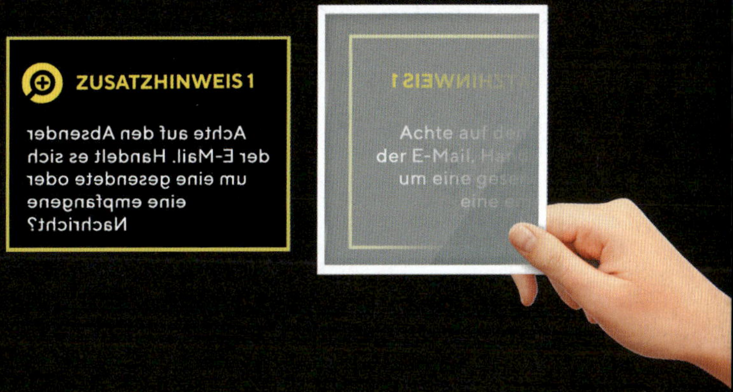

8. DEDUKTIVES DENKEN

Gehe wie ein echter Kommissar oder eine echte Kommissarin vor: Denke scharf nach, mache dir Notizen, füge Puzzleteile zusammen, knacke den Code ... Nur wenn du gut aufpasst, logisch denkst und deine deduktiven Fähigkeiten einsetzt, wirst du die entscheidenden Zusammenhänge und eventuelle Ungereimtheiten in den Aussagen der Verdächtigen erkennen. Viel Erfolg!

Fall 1

ERSCHOSSEN IN ZIMMER 104

WAR ES MORD ODER SELBSTMORD?

Du wurdest zu einem Tatort gerufen. Auf den ersten Blick scheint alles auf einen Selbstmord hinzudeuten, aber erfahrene Detektive wie du wissen genau, dass Schein und Wirklichkeit oft weit auseinanderliegen ...

Gehe allen Hinweisen akribisch nach und versuche, die Geschichte hinter diesem tragischen Tod zu rekonstruieren. So findest du heraus, ob das Opfer tatsächlich Selbstmord begangen hat oder doch ermordet wurde. Aber von wem? Und was war das Motiv?

WAS KÖNNTE SICH IM SCHRANK BEFINDEN? (S. 15)
GEHE ANS TELEFON (S. 18)
RING
NOTICIAS LOCALES
VISITA DE LA VICECANCILLER ALEMANA
SIEH DIR DAS NOTEBOOK AN (S. 17)
UNTERSUCHE DEN SCHREIBTISCH (S. 14)
WAS KÖNNTE DAS HANDY VERRATEN? (S. 16)

Es tut mir leid,
sag den Kindern,
dass ich sie liebe.

SECURITY
VIZEKANZLERIN
J. Richter
Hallesche Str. 105
10963 Berlin

19.55
Hanna
17.53
Gib ihnen einen Kuss von mir
17.53
Ok! Bis wann musst du bei der Vizekanzlerin bleiben?
17.54
Bis Sonntagabend
17.54
Vermiss dich!
Schick dir nen Kuss
17.54
17.54

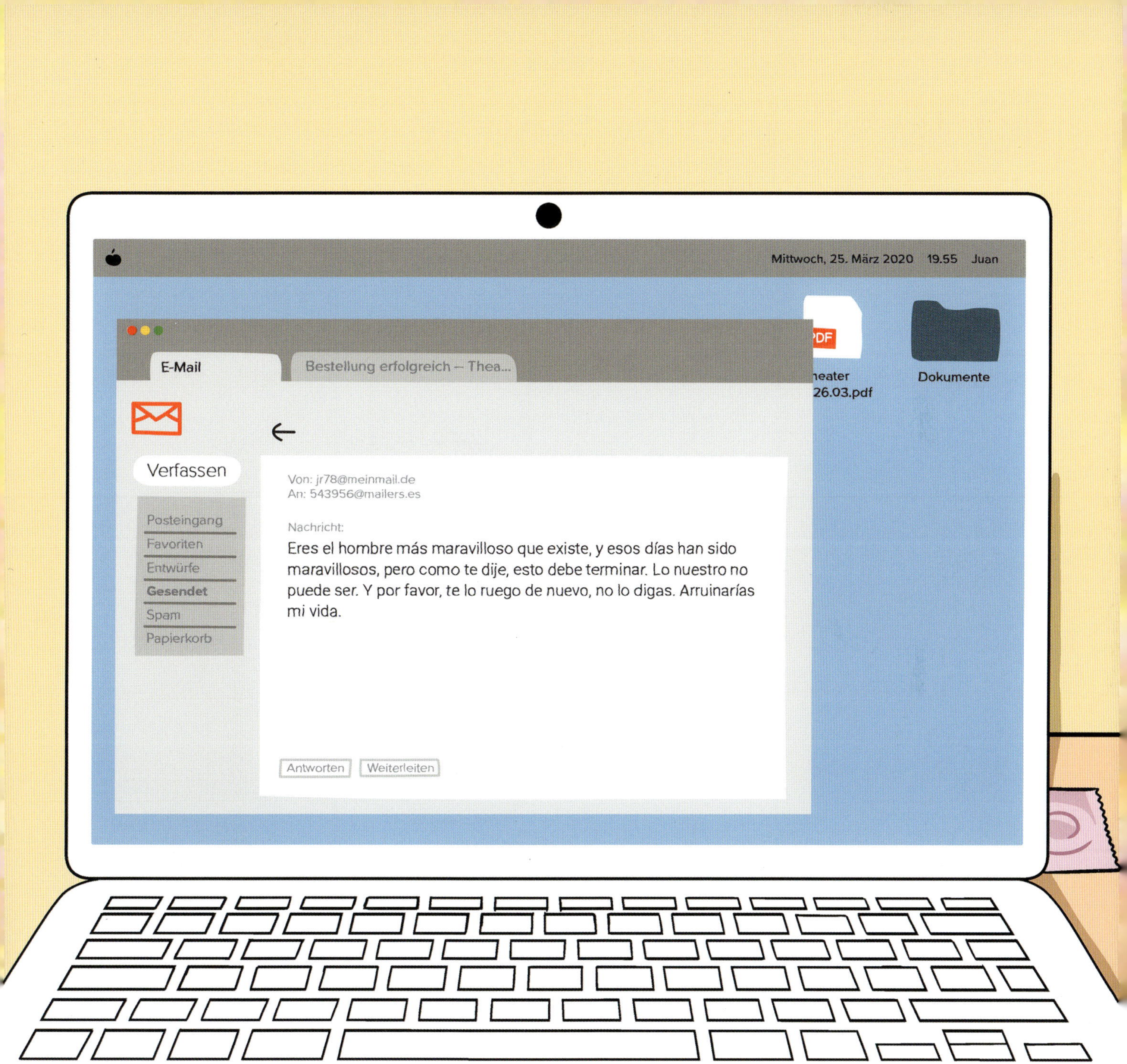
Mittwoch, 25. März 2020 19.55 Juan
E-Mail
Bestellung erfolgreich – Thea...
heater
26.03.pdf
Dokumente
Verfassen
Posteingang
Favoriten
Entwürfe
Gesendet
Spam
Papierkorb
Von: jr78@meinmail.de
An: 543956@mailers.es
Nachricht:
Eres el hombre más maravilloso que existe, y esos días han sido maravillosos, pero como te dije, esto debe terminar. Lo nuestro no puede ser. Y por favor, te lo ruego de nuevo, no lo digas. Arruinarías mi vida.
Antworten
Weiterleiten

Audio-Hinweis
Das Telefon im Hotelzimmer klingelt. Scanne den QR-Code, um den Anruf entgegenzunehmen.

Falls du keine Internetverbindung hast, findest du auf Seite 206 eine Transkription des Anrufs.

ZUSATZHINWEISE

Eigentlich benötigst du diese Hinweise nicht, um den Fall zu lösen, aber wenn du das Gefühl hast, dass deine Ermittlungen in eine Sackgasse geraten sind, können sie dir helfen, wieder Bewegung in die Sache zu bringen. Lies aber nicht alle Hinweise auf einmal, gehe sparsam damit um. Vielleicht bringt dich ja schon einer auf die richtige Spur und zur Lösung des Rätsels. Viel Erfolg!

ZUSATZHINWEIS 1

Achte auf den Absender der E-Mail.
Handelt es sich um eine gesendete oder eine empfangene Nachricht?

ZUSATZHINWEIS 2

Es ist sehr wichtig herauszufinden,
in welchem Land das Verbrechen geschah.
Achte hierzu auf die Gebäude, die am Tatort zu sehen sind.

ZUSATZHINWEIS 3

Achte genau auf die Uhrzeit,
zu der Juans Frau die Nachrichten schickt, und prüfe,
ob sie im Laufe des Chats lügt.

LÖSUNG

Gehen wir alle Details nacheinander durch und setzen die Geschichte zusammen. So kommen wir dem Rätsel auf die Spur:

1 Der Tote starb eindeutig durch einen Kopfschuss aus seiner eigenen Pistole.

2 Er muss eine Pistole besessen haben, weil er als Bodyguard der deutschen Vizekanzlerin tätig war.

3 Die Übersetzung des Schriftzugs aus dem Fernsehen verrät, dass er sich auf einer Dienstreise befand. Wir können also davon ausgehen, dass er seine Waffe dabeihatte.

4 Seine Ehefrau Hanna bestätigt uns diese Dienstreise in ihrer Nachricht.

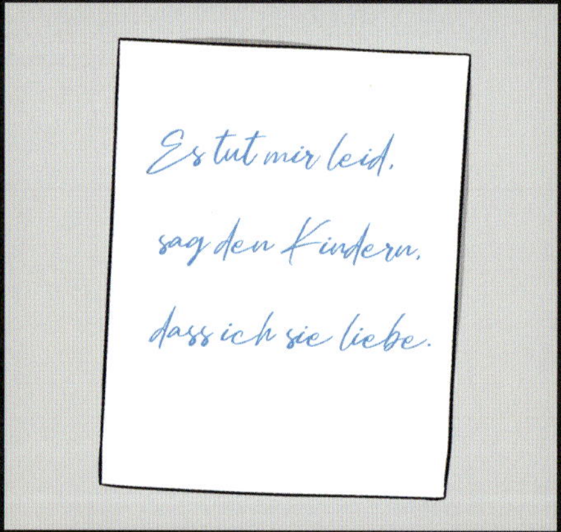

5 Der mutmaßlich vom Opfer am Schreibtisch hinterlassene Abschiedsbrief deutet auf einen Selbstmord hin.

6 Die Anordnung der Gegenstände auf dem Tisch lässt auf einen Linkshänder schließen: Zum Trinken und Rauchen wurde die linke Hand verwendet.

7 Auch die Lampe wurde umgestellt, denn Linkshänder benötigen Licht von rechts, damit die Hand beim Schreiben keinen Schatten auf das Papier wirft.

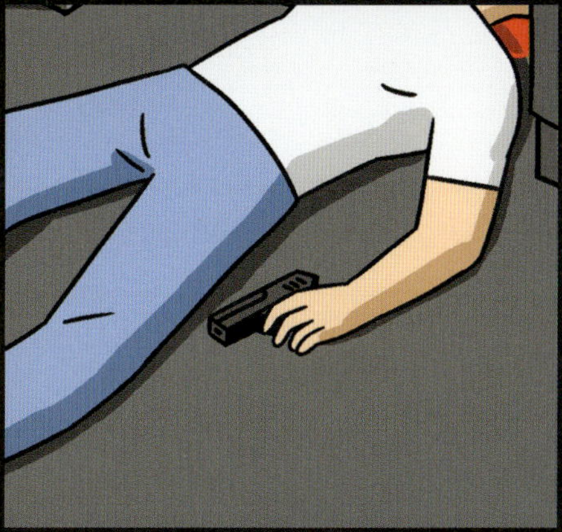

8 Das Opfer hält die Pistole in der linken Hand, was die Selbstmordtheorie ebenfalls untermauert.

9 Diese Theorie gerät jedoch ins Wanken, wenn wir die beiden Handschriften miteinander vergleichen. Die »l« am Kofferanhänger haben eine Schlaufe, die im Abschiedsbrief dagegen nicht.

10 Außerdem wurde der Brief mit einem blauen Stift geschrieben, im Zimmer gibt es aber nur einen schwarzen Stift. Hat der Mörder den Brief verfasst? Der Verdacht, dass es kein Selbstmord war, erhärtet sich.

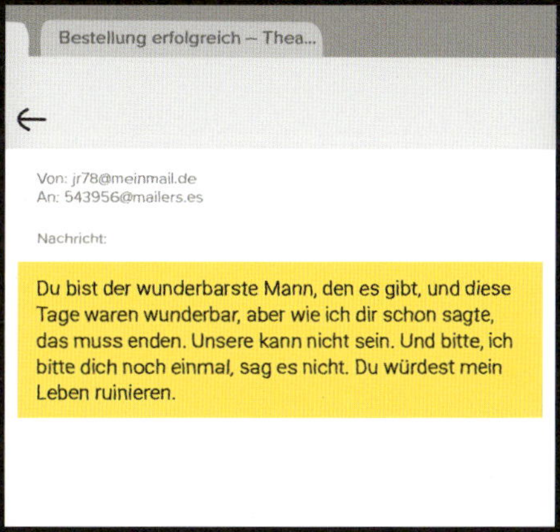

11 Wenn wir die E-Mail auf dem Notebook des Opfers maschinell übersetzen lassen, erfahren wir von einem geheimen Geliebten und der Trennung von diesem.

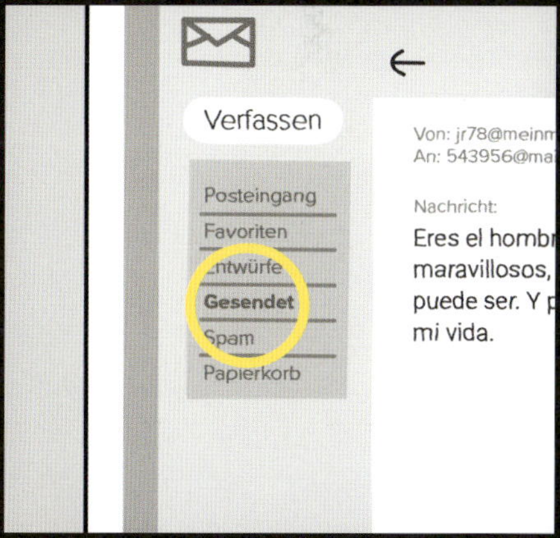

12 Uns fällt sofort auf, dass sich die E-Mail im Ordner der gesendeten Elemente befindet. Sie stammt also vom Opfer selbst.

LÖSUNG

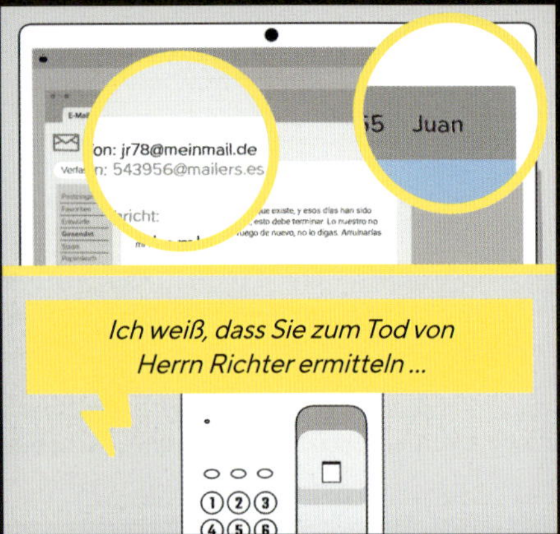

13 Die Absenderadresse stimmt mit seinen Initialen überein: JR = Juan Richter. Juan hatte also eine Affäre mit einem anderen Mann und diese beendet.

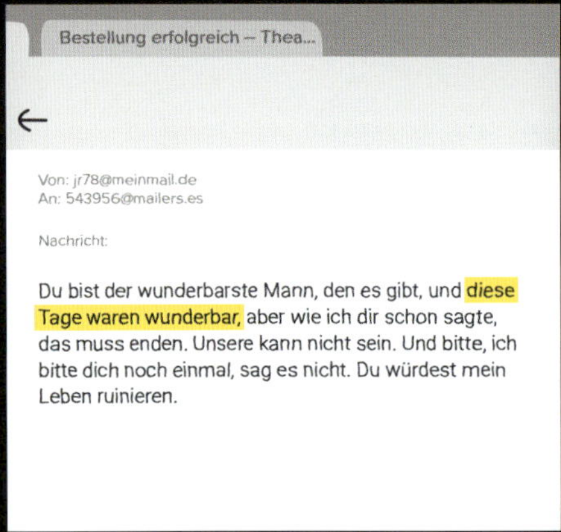

14 Die Geliebten müssen sich in den letzten Tagen getroffen haben.

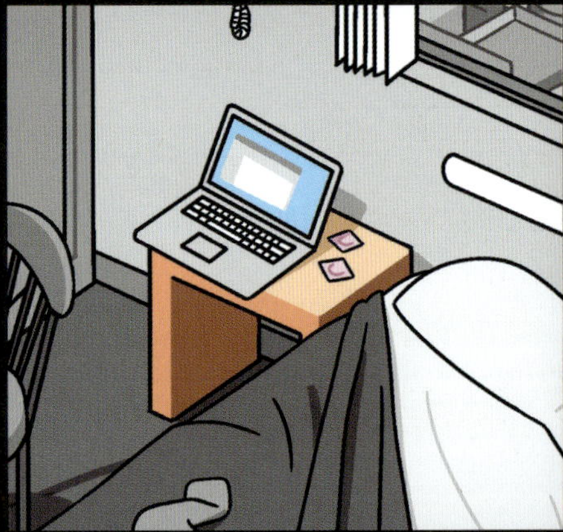

15 Dafür sprechen auch die Kondome auf dem Nachttisch.

16 In der vergangenen Nacht haben sie sich aber nicht gesehen, denn nur eine Bettseite ist aufgedeckt.

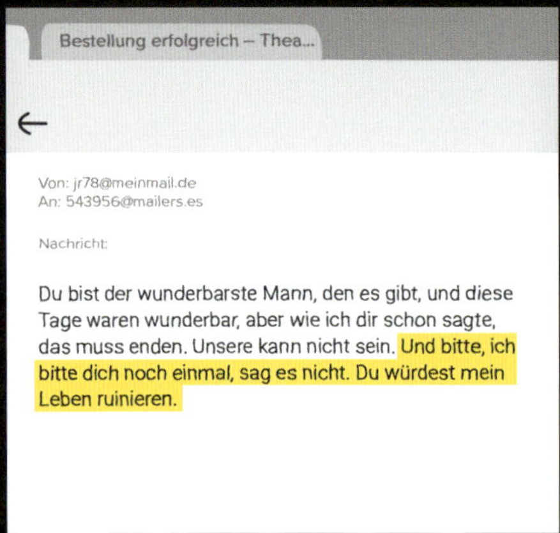

17 Der Geliebte drohte Juan mehrfach damit, die Beziehung auffliegen zu lassen, obwohl dieser ihn anflehte, es nicht zu tun.

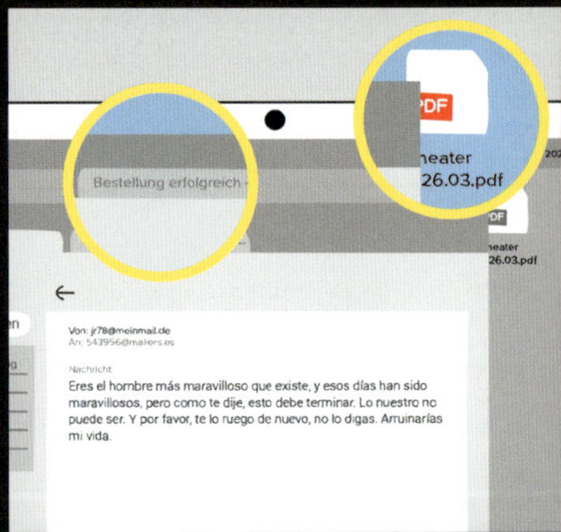

18 Im Computer gibt es noch ein Detail, das gegen Selbstmord spricht: Juan hat für den 26. März eine Theaterkarte gekauft.

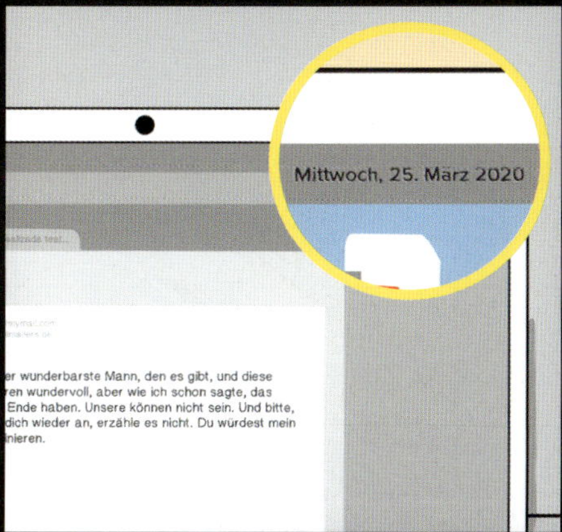

19 Heute ist der 25. März. Niemand mit ernsthaften Selbstmordabsichten würde ein Ticket für den nächsten Tag kaufen.

20 Konzentrieren wir uns also auf die Mordhypothese und sammeln Beweise, die diese stützen. Wir befinden uns in einem Hotel.

21 Die Reinigungskraft hörte eine Frauenstimme, was auf eine weibliche Täterin hindeutet.

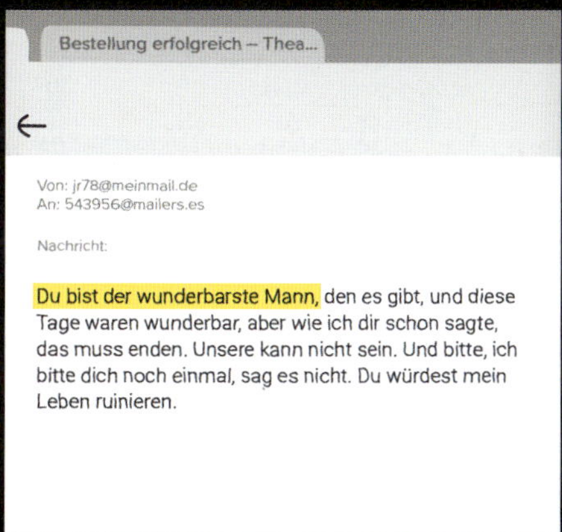

22 Juans Geliebter war ein Mann. Damit können wir ihn einstweilen ausschließen. Sollten wir stattdessen die Vizekanzlerin verdächtigen?

23 Die Mörderin war also um 18.45 vor Ort. Aber von welchem Ort sprechen wir eigentlich? In welchem Land befindet sich das Hotel?

24 Juan muss sich auf Dienstreise im Ausland befinden.

LÖSUNG

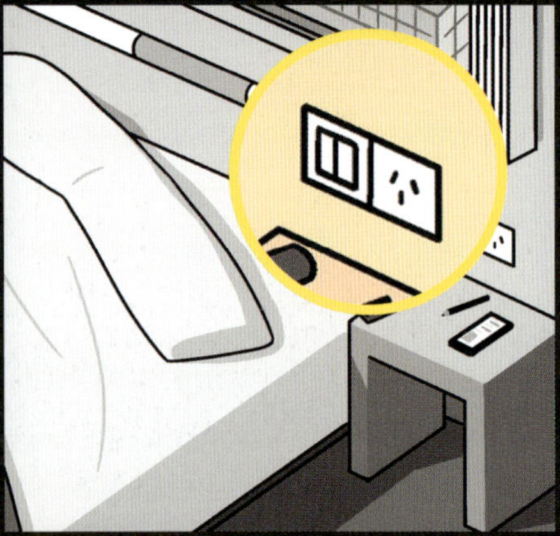

25 Die Steckdosen bestätigen diese Annahme. Sie sehen anders aus als in Deutschland.

26 Durch das Fenster ist ein Wolkenkratzer zu sehen – und zwar exakt derselbe wie auf dem Fernsehbildschirm.

27 Dort laufen Lokalnachrichten in spanischer Sprache. Links oben ist die argentinische Fahne eingeblendet. Demnach befindet sich das Hotel in Argentinien.

28 Und wo befand sich Hanna? Durch den Kofferanhänger wissen wir, dass sie und Juan eigentlich in Berlin leben.

29 Rekonstruieren wir die halb abgeschnittene Nachricht: Hanna behauptet, mit den Kindern zu Hause im Garten zu sein.

30 Uns ist bekannt, dass das Gespräch um 17.54 Uhr (argentinische Zeit) stattfand. Damit ist klar, dass sie lügt.

31 Das Selfie, das sie ihrem Mann (um 17.54 Uhr) geschickt hat, zeigt eindeutig Tageslicht.

32 Das Foto von 17.54 Uhr (argentinische Zeit) wäre bei 4 Stunden Zeitverschiebung um 21.54 Uhr deutscher Zeit – und damit bei Nacht – gemacht worden. Hanna hat gelogen. Sie befindet sich in Argentinien und hat Juan getötet.

ERSCHOSSEN IN ZIMMER 104

REKONSTRUKTION DES TATHERGANGS

Juan ist Bodyguard der deutschen Vizekanzlerin und begleitet sie auf einen Staatsbesuch in Argentinien. Die Dienstreise kommt ihm sehr gelegen. So kann er ungestört von seiner Frau ein paar romantische Tage mit seinem Geliebten verbringen, mit dem er ein Doppelleben führt.

Nach einigen Tagen bekommt er jedoch schwere Schuldgefühle wegen seiner heimlichen Affäre und trennt sich von seinem Geliebten. Er will sich wieder ganz auf seine Frau Hanna und die Kinder konzentrieren.

Der gekränkte Geliebte droht, alles Juans Frau zu erzählen, was er schließlich auch tut. Wutentbrannt reist diese nach Argentinien und ermordet ihren Ehemann mit seiner eigenen Dienstwaffe, die er als Bodyguard natürlich mit auf die Reise genommen hat.

Nach Angaben des Rezeptionsmitarbeiters ereignete sich die Tat kurz vor 19.00 Uhr. Kurz zuvor zieht Juan sich etwas Bequemeres an, legt die Straßenkleidung aufs Bett und kauft eine Theaterkarte für den nächsten Tag. Er ist traurig und ziemlich aufgewühlt. Immer wieder liest er die Nachricht, die er seinem Geliebten geschrieben hat. Unterdessen schleicht sich seine Frau ins Hotel, geht hoch zu seinem Zimmer und klopft an. Als er die Tür öffnet, ist er sehr überrascht, sie zu sehen. Noch ehe er etwas sagen kann, beschuldigt sie ihn erbost als Lügner und Ehebrecher. Dann entdeckt sie die Kondome auf dem Nachttisch und rastet völlig aus. Laut schreiend greift Hanna nach der Waffe und feuert sie auf Juan ab. Er stürzt zu Boden und stößt dabei die Whiskeyflasche auf dem Schreibtisch um.

Als sie sich darüber klar wird, was sie getan hat, beschließt sie, es wie einen Selbstmord aussehen zu lassen. Schließlich führte ihr Mann ein Doppelleben, das ihn belastet, und auch die Tatwaffe gehörte ihm. Außerdem weiß niemand, dass sie in Argentinien ist.

Also macht Hanna sich an die Arbeit. Sie legt ihm die Pistole in die linke Hand, denn natürlich weiß sie, dass er Linkshänder ist. Dann schreibt sie mit einem blauen Kugelschreiber aus ihrer Handtasche einen Abschiedsbrief und verlässt unauffällig den Tatort, um schnurstracks zurück nach Berlin zu reisen.

Fast wäre sie damit davongekommen – hätte sie nicht den Fehler gemacht, Juan ein Selfie zu schicken, ohne an den Zeitunterschied zwischen Deutschland und Argentinien zu denken.

Die Beweislage ist eindeutig. Hanna kann noch am Flughafen, als sie gerade zurück nach Deutschland fliegen will, von einer Polizeistreife gefasst werden.

NOTICIAS LOCALES
VISITA DE LA VICECANCILLER ALEMANA

MORD IN DER VILLA MOELLENDORFF

WER HAT DEN BUTLER ERMORDET?

Das beschauliche Leben der Familie von Moellendorff hat ein jähes Ende genommen: Ihr Butler wurde tot im Salon aufgefunden. Jemand hat ihm eine Machete in den Rücken gerammt, aber niemand weiß, wie es dazu kam. Ein eingeschlagenes Fenster deutet darauf hin, dass der Mörder ein Eindringling von außen war, aber dein Instinkt sagt dir, dass die Bewohner des Anwesens in die Tat verstrickt sein könnten.
Könnte ein Mitglied der Adelsfamilie den Butler getötet haben?

Rekonstruiere die Hintergründe des Mordes und finde Beweise, die darüber Aufschluss geben, welches Familienmitglied den Butler getötet hat. Wie ging der- oder diejenige dabei vor und was war das Mordmotiv?

ÜBERPRÜFE DIE BÜCHER (S. 30)
SIEH DIR DIE FOTOS AN (S. 33)
WIRF EINEN BLICK IN DEN KAMIN (S.32)
ÖFFNE DIE SCHUBLADE (S. 31)

Memoiren eines Seemanns
hörte die rauen Wellen gegen die Felswände schlagen.
„Hallo, mein Kapitän. Inzwischen haben wir alles von A
bis Z geprüft, aber wie mir scheint,
dieses Mal doch woanders. Wie
vereinbart, sende und empfange ich
kein Signal mehr. Ich habe zwei
Männer angewiesen, zur Sicherheit
verschlüsselte Daten und
„Seit mehreren Monaten segeln
Mehrere Wochen sind vergangen,
waren. Bist du jetzt endlich
Wärst du denn dazu nun
Gerrit, schon schweißgebadet,
eingeschleust worden, ohne
„Wir sollten das hoffentlich
„Dass du ihn findest, ist
du die Segel setzen und
nur die Wahrheit. Wir
heraus. Und selbst du
„Kannst du das für dich
das ganze Geld auch noch
„Könnte er es einfordern,
Im Krieg und in der
Ablenkung ist das A und
145
MeS 145
1 (0). 2 (1. 9). 3 (5). 4 (0).
6 (4). 7 (3. 4). 8 (1. 4). 9 (1). 10 (2).
11 (2). 12 (2. 5). 13 (2). 14 (1). 15 (4).
16 (4). 17 (1. 2). 18 (3). 19 (1. 2).
20 (1. 3). 21 (3). 22 (4).
23 (4. 6). 24 (6)

Moellendorff Kliniken
Privater Klinikverbund
Richard von Moellendorff
INHABER
Lebensläufe,
eferenzen und
beitsverträge
Mama + Felicitas
Name:
dolf Georg Schmitt
Alter:
55 Jahre
Geburtsort:
Hamburg
Anschrift:
gust-Macke-Str. 33
ätigkeitsbereich:
Gartenpflege
Name:
uar Ndiaye
Alter:
32 Jahre
urtsort:
Luanda
reich:
Butler

H DEM GESTOHLENEN
UNTERGANG DER TITANIC
FORDERT 1232 TODESO
SUCHE NAC
BABY GEHT W

Friedrich Wilhelm
von Moellendorff
1876–1936

ZUSATZHINWEISE

Eigentlich benötigst du diese Hinweise nicht, um den Fall zu lösen, aber wenn du das Gefühl hast, dass deine Ermittlungen in eine Sackgasse geraten sind, können sie dir helfen, wieder Bewegung in die Sache zu bringen. Lies aber nicht alle Hinweise auf einmal, gehe sparsam damit um. Vielleicht bringt dich ja schon einer auf die richtige Spur und zur Lösung des Rätsels. Viel Erfolg!

ZUSATZHINWEIS 1

Um die verschlüsselte Nachricht zu knacken, musst du erkennen, dass die Zahlen auf dem Zettel für die Zeilen der Buchseite stehen und die eingeklammerten Zahlen auf das entsprechende Wort der jeweiligen Zeile verweisen. Die letzte Angabe (Zeile 24, Wort 6) entspricht einem Wort, das zwar verdeckt, aber aus dem Kontext zu erschließen ist.

ZUSATZHINWEIS 2

Wenn du dir die Zeitungsschnipsel im Kamin ansiehst, wirst du feststellen, dass darauf ein Bericht über den Untergang der Titanic im Jahr 1912 zu lesen ist. Der Urne zufolge starb Friedrich Wilhelm von Moellendorff 1936. Es handelt sich also um eine alte Zeitung, und wir befinden uns in einem Jahr nach 1936.

ZUSATZHINWEIS 3

Sind dir die Druckstellen auf dem Teppich aufgefallen?
Es sieht so aus, als hätte jemand den Sessel verschoben, um daraufzusteigen.

LÖSUNG

Rollen wir den Fall Punkt für Punkt auf, um dem Mörder oder der Mörderin auf die Schliche zu kommen:

1 Wir befinden uns in einer imposanten Villa, in der ein Mann im Rollstuhl namens Richard mit seiner Frau Felicitas und seinem Sohn lebt.

2 Auch seine Mutter ist vor Ort. Ihr Aufzug lässt vermuten, dass sie ebenfalls in der Villa wohnt.

3 Richards Vater war Friedrich Wilhelm von Moellendorff. Wie der Urne am Kaminsims zu entnehmen ist, verstarb er 1936.

4 Richard, nach den Fotos zu schließen ein Einzelkind, erbte die Unternehmensgruppe und das Vermögen seines Vaters.

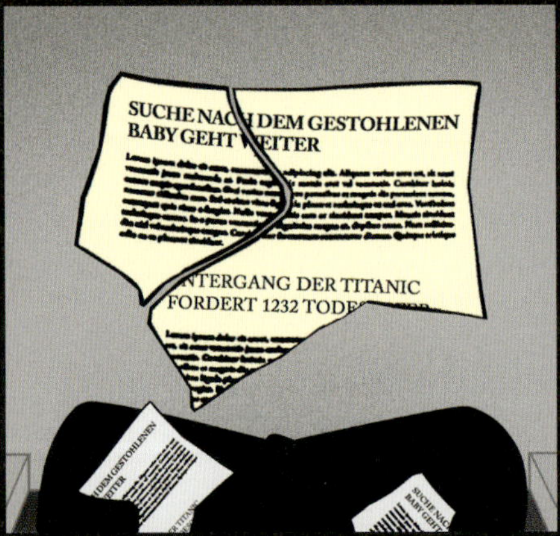

5 Zusammengesetzt ergeben die Zeitungsschnipsel einen Bericht über ein gestohlenes Baby.

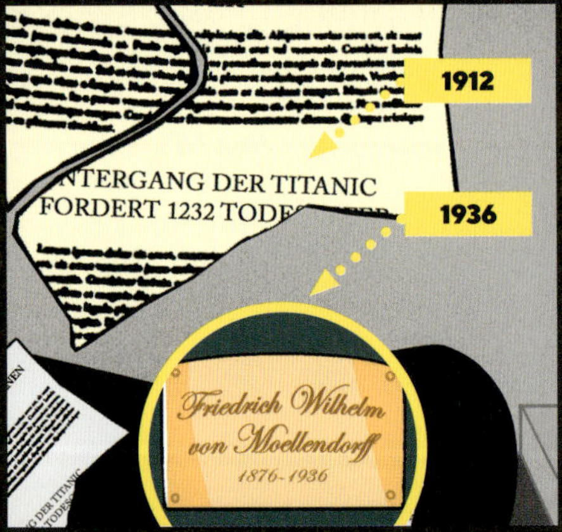

6 In derselben Zeitung wird auch die Titanic erwähnt, die 1912 sank. Es handelt sich also um eine alte Ausgabe. Friedrich Wilhelm starb 1936, demnach müssen wir uns in einem späteren Jahr befinden.

7 Seit 1936 scheint nicht viel Zeit vergangen zu sein, denn die Witwe sieht ähnlich aus wie auf dem Foto, das entstand, als ihr Ehemann noch lebte.

8 Das 1912 gestohlene Baby muss jetzt Mitte 20 sein. Demnach kommen Richard, Felicitas oder der ermordete Butler infrage.

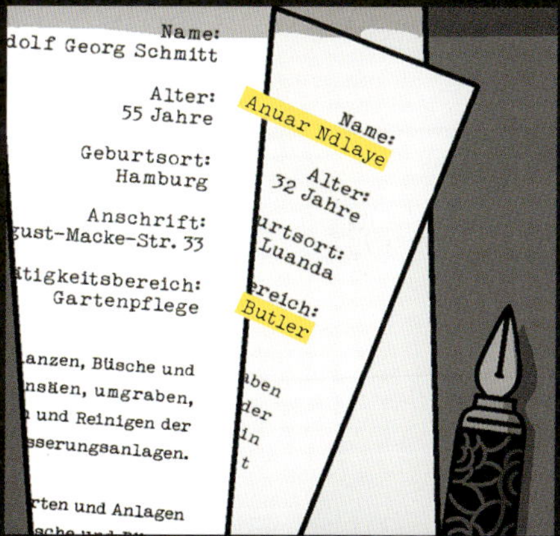

9 In der Schublade finden wir Informationen über den Toten: Sein Name ist Anuar.

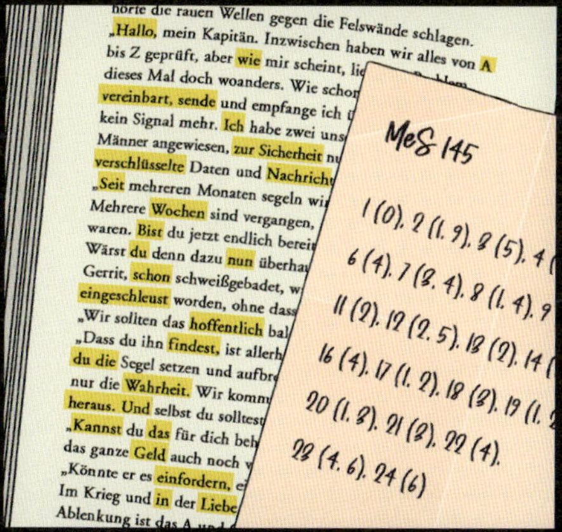

10 Im Buch liegt eine verschlüsselte Nachricht. Jede Angabe verweist auf eine Zeile und ein Wort der Buchseite. Das letzte Wort erschließt sich aus dem Kontext: »… ist das A und O.« Es muss »O« lauten.

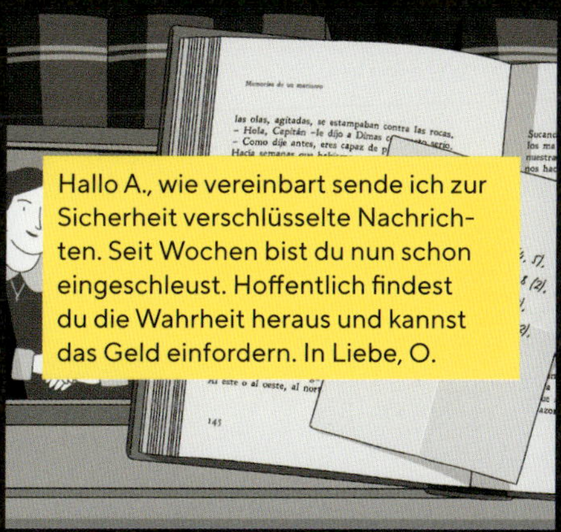

11 Wir erfahren, dass »A« (vermutlich Anuar) eingeschleust worden ist, um etwas herauszufinden und Geld zu kassieren.

12 Falls Anuar das gestohlene Baby war, ist davon auszugehen, dass er seinen Anteil am Erbe einfordern wollte.

LÖSUNG

13 Allerdings stammt Anuar aus Luanda (Angola). Am Ohr und den Handgelenken sieht man, dass er dunkelhäutig ist. Er kann deshalb unmöglich Friedrich Wilhelms gestohlenes Kind sein.

14 Auch Felicitas und ihre Zwillingsschwester scheiden aus. In der Zeitung wäre sonst von »gestohlenen Babys« im Plural die Rede gewesen.

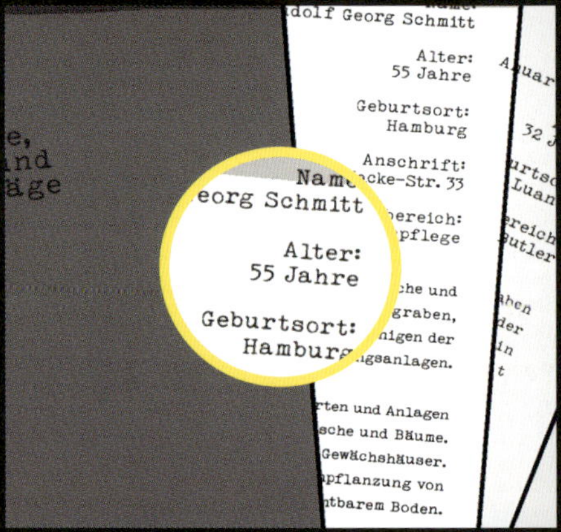

15 Den Gärtner schließen wir ebenfalls aus, denn er ist zu alt, um 1912 noch ein Baby gewesen zu sein.

16 Das gestohlene Baby muss also definitiv Richard gewesen sein.

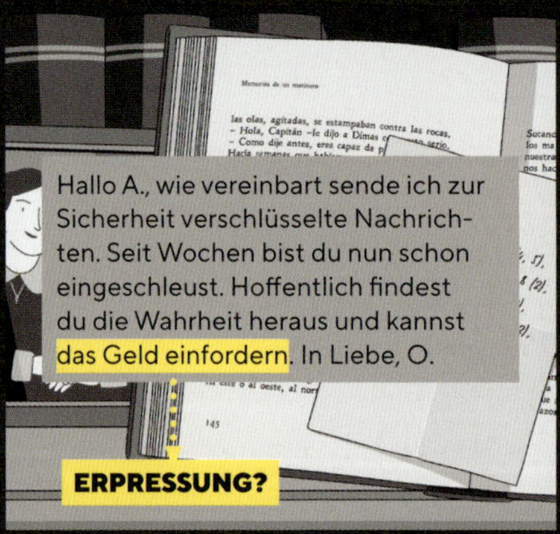

17 Sollte Anuar das Geld eingefordert haben, dann wahrscheinlich, indem er jemanden erpresste.

18 Die Zwillingsschwestern tragen Halsketten mit ihren Initialen. Das »F« steht für Richards Frau Felicitas, und das »O« für ihre Schwester – nennen wir sie Olivia. Sie scheint Anuars Komplizin zu sein.

19 Das Opfer der Erpressung muss Richards Mutter gewesen sein. Sie hat den Kindesraub begangen und müsste ins Gefängnis, wenn dieser ans Tageslicht käme.

20 Wir erinnern uns, dass die Familie eine Klinikkette besitzt. Bestimmt hat sie das Baby aus einem der Krankenhäuser gestohlen.

21 Auch Richard hätte den Mord begehen können, um seine Mutter zu schützen, aber das Foto zeigt, dass die Machete auf dem Bücherschrank gelegen hatte. Richard, der im Rollstuhl sitzt, wäre dort nicht hingekommen.

22 Richards Mutter ist eindeutig zu klein, um die Machete vom Bücherschrank herunterzunehmen. Nur Felicitas wäre groß genug, aber sie hat kein Motiv, um Anuar zu töten.

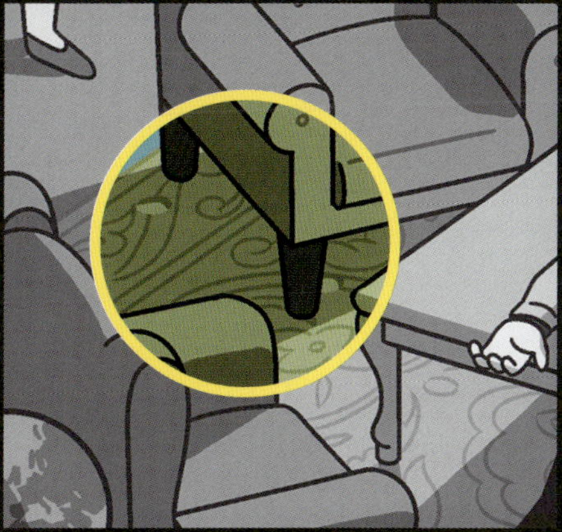

23 Die Druckstellen am Teppich verraten, dass der Sessel verschoben wurde. Dies deutet auf die Witwe hin, denn sie war die Einzige, die auf ein Möbelstück steigen musste (und konnte), um an die Machete zu kommen.

24 Danach schob sie den Sessel wieder zurück und schlug das Fenster ein, um den Verdacht auf einen Einbrecher zu lenken. Aber die Scherben liegen im Garten, was beweist, dass das Fenster von innen eingeschlagen wurde.

MORD IN DER VILLA MOELLENDORFF

REKONSTRUKTION DES TATHERGANGS

Olivia, eine ehrgeizige junge Frau mit finanziellen Problemen, hegt den Verdacht, dass der Ehemann ihrer Zwillingsschwester als Baby vor über 20 Jahren gestohlen wurde. Es handelt sich um Richard von Moellendorff, den einzigen Sohn einer Adelsfamilie, die im Besitz einer großen privaten Klinikgruppe ist. Olivia vermutet, dass die von Moellendorffs das Baby in einem ihrer Krankenhäuser haben verschwinden lassen, weil sie auf natürlichem Weg keine Kinder bekommen konnten.

Mit diesem Geheimwissen will sie Richards Eltern erpressen. Sie schleust ihren Freund, einen Angolaner namens Anuar, als Butler in die Villa der von Moellendorffs ein. Er soll vor Ort nach Beweisen suchen, die ihre Vermutung bestätigen, und vom weiblichen Familienoberhaupt Schweigegeld erpressen.

Anuar stellt über mehrere Wochen Nachforschungen an und hält Olivia per Briefpost auf dem Laufenden. Sie verschlüsseln ihre Briefe für den Fall, dass sie einem Familienmitglied in die Hände fallen.

Schließlich findet Anuar Zeitungsausschnitte und andere Beweise, die unwiderlegbar bestätigen, dass Frau von Moellendorff ihren Sohn tatsächlich gestohlen hat. Daraufhin konfrontiert er die Witwe mit den Tatsachen und stellt eine Schweigegeldforderung.

Beunruhigt willigt diese ein und verspricht, das Geld zu beschaffen. Dann geht sie ins Wohnzimmer, schiebt einen der Sessel an den Bücherschrank und steigt hinauf, um an die Jagdmachete zu kommen. Sie ruft nach Anuar, und als dieser ihr den Rücken zuwendet, sticht sie mit aller Kraft zu.

Anschließend schlägt sie das Fenster ein, um einen Einbruch vorzutäuschen, und verbrennt die Zeitungsausschnitte. Sie denkt, dass ihr großes Geheimnis auf diese Weise für immer verborgen bleiben wird und ihr Sohn und ihre Schwiegertochter nie davon erfahren werden.

Doch die Ermittlungen lassen keinen Zweifel offen. Die alte Dame wird wegen mutmaßlichen Mordes und Olivia wegen Beihilfe zu versuchter Erpressung verhaftet.

Fall 3

VERGIFTUNG IM POLIZEIREVIER

WER HAT INSPEKTOR ABAD GETÖTET?

Auf Teneriffa bekommst du es mit einem besonders mysteriösen Verbrechen zu tun: einem Giftmord mitten im Polizeirevier. Damit hätte nun wirklich niemand gerechnet! Du wirst von den spanischen Kollegen hinzugezogen, um bei der Aufklärung des Falls zu helfen.

Untersuche den Tatort, gehe den Hinweisen nach und finde stichhaltige Beweise dafür, wer den Inspektor vergiftet hat, wie es geschah und was das Tatmotiv war.

UNTERSUCHE DIE TÜR (S. 46)
INSPIZIERE DIE PINNWAND (S. 47)
10:43
14/04/2019
SIEH DIR DEN BILDSCHIRM GENAUER AN (S. 45)
EKTOR
POLICIA
ÖFFNE DIE SCHUBLADE (S. 44)

MAMA + ICH
SERI
Wenn du mich findest:
28.417831, -16.548871

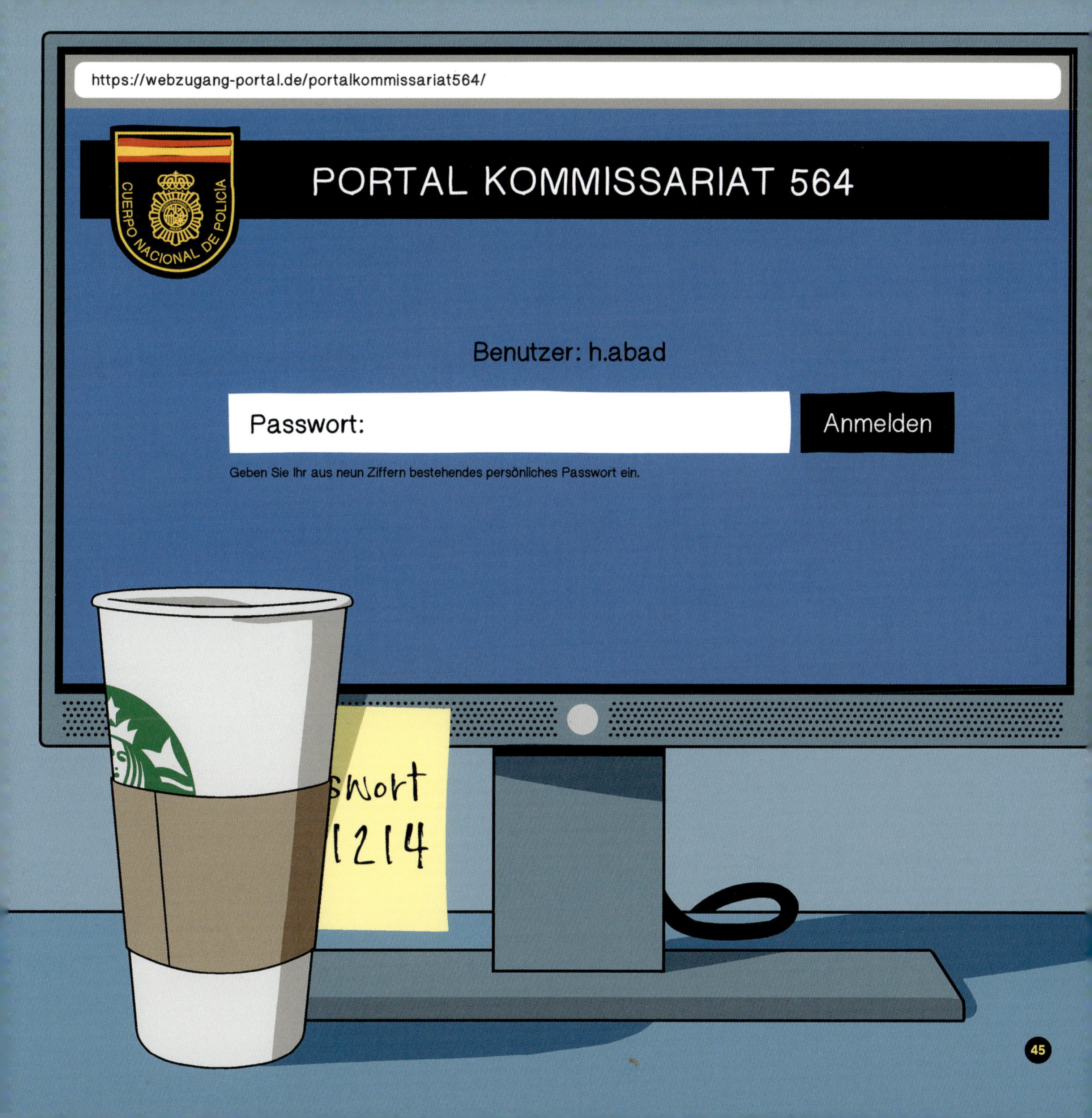
https://webzugang-portal.de/portalkommissariat564/
PORTAL KOMMISSARIAT 564
CUERPO NACIONAL DE POLICÍA
Benutzer: h.abad
Passwort:
Anmelden
Geben Sie Ihr aus neun Ziffern bestehendes persönliches Passwort ein.
swort
1214

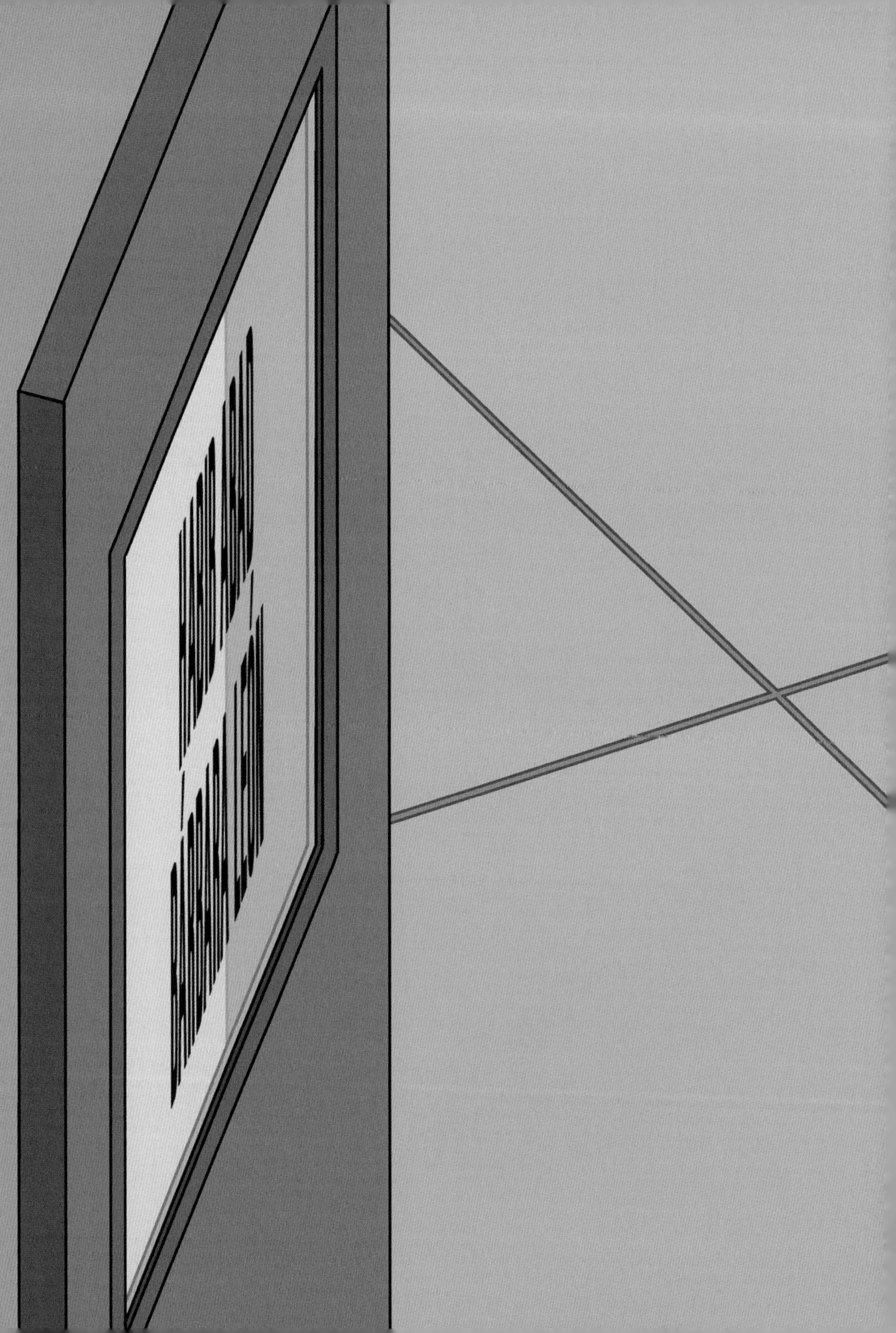

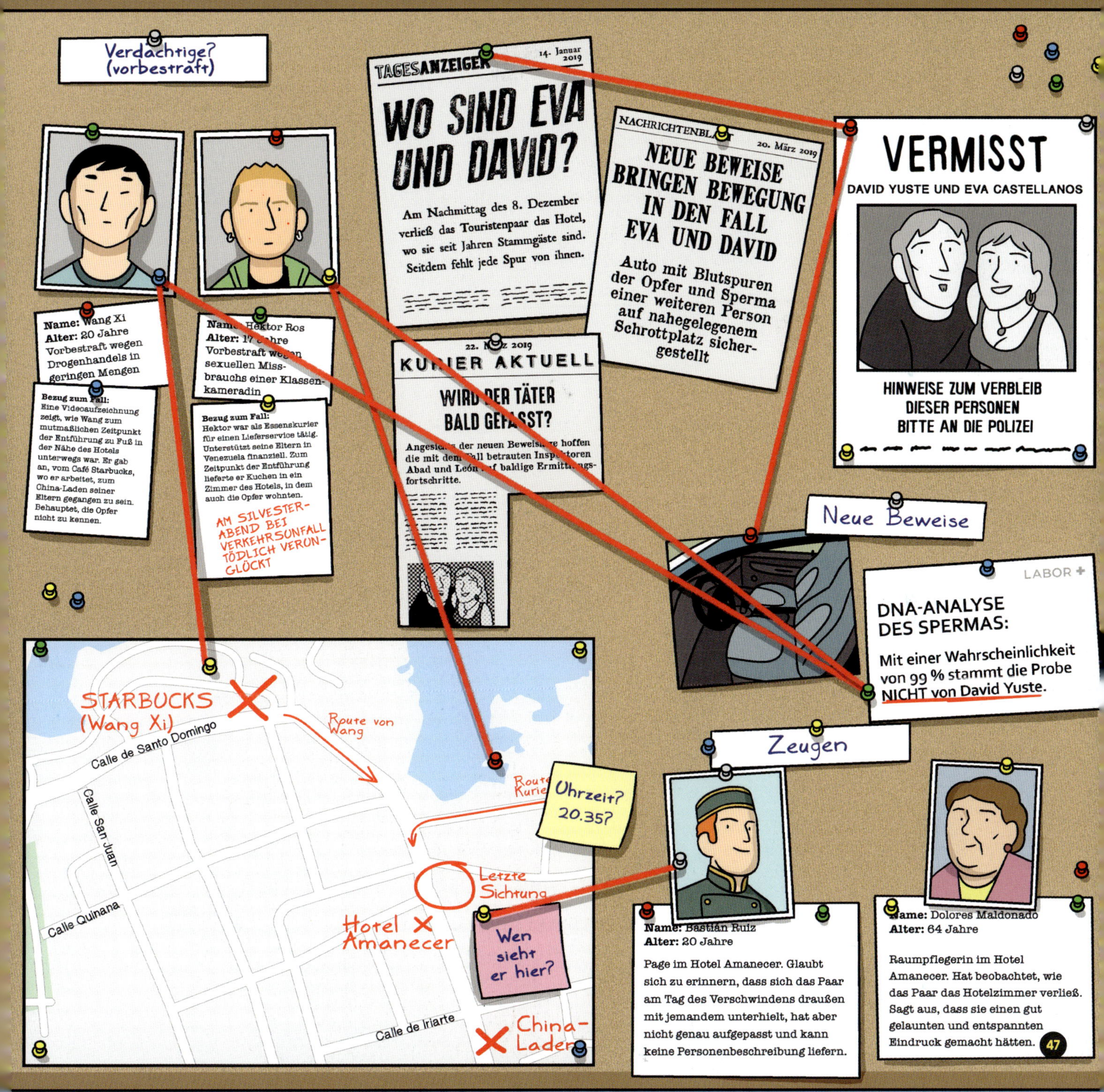

Verdächtige? (vorbestraft)
TAGESANZEIGER
14. Januar 2019
WO SIND EVA UND DAVID?
Am Nachmittag des 8. Dezember verließ das Touristenpaar das Hotel, wo sie seit Jahren Stammgäste sind. Seitdem fehlt jede Spur von ihnen.
NACHRICHTENBLATT
20. März 2019
NEUE BEWEISE BRINGEN BEWEGUNG IN DEN FALL EVA UND DAVID
Auto mit Blutspuren der Opfer und Sperma einer weiteren Person auf nahegelegenem Schrottplatz sichergestellt
VERMISST
DAVID YUSTE UND EVA CASTELLANOS
HINWEISE ZUM VERBLEIB DIESER PERSONEN BITTE AN DIE POLIZEI
Name: Wang Xi
Alter: 20 Jahre
Vorbestraft wegen Drogenhandels in geringen Mengen
Bezug zum Fall:
Eine Videoaufzeichnung zeigt, wie Wang zum mutmaßlichen Zeitpunkt der Entführung zu Fuß in der Nähe des Hotels unterwegs war. Er gab an, vom Café Starbucks, wo er arbeitet, zum China-Laden seiner Eltern gegangen zu sein. Behauptet, die Opfer nicht zu kennen.
Name: Hektor Ros
Alter: 17 Jahre
Vorbestraft wegen sexuellen Missbrauchs einer Klassenkameradin
Bezug zum Fall:
Hektor war als Essenskurier für einen Lieferservice tätig. Unterstützt seine Eltern in Venezuela finanziell. Zum Zeitpunkt der Entführung lieferte er Kuchen in ein Zimmer des Hotels, in dem auch die Opfer wohnten.
AM SILVESTERABEND BEI VERKEHRSUNFALL TÖDLICH VERUNGLÜCKT
22. März 2019
KURIER AKTUELL
WIRD DER TÄTER BALD GEFASST?
Angesichts der neuen Beweise hoffen die mit dem Fall betrauten Inspektoren Abad und León auf baldige Ermittlungsfortschritte.
Neue Beweise
LABOR
DNA-ANALYSE DES SPERMAS:
Mit einer Wahrscheinlichkeit von 99 % stammt die Probe NICHT von David Yuste.
STARBUCKS (Wang Xi)
Route von Wang
Calle de Santo Domingo
Calle San Juan
Calle Quinana
Route Kurier
Uhrzeit? 20.35?
Letzte Sichtung
Hotel Amanecer
Wen sieht er hier?
Calle de Iriarte
China-Laden
Zeugen
Name: Bastián Ruiz
Alter: 20 Jahre
Page im Hotel Amanecer. Glaubt sich zu erinnern, dass sich das Paar am Tag des Verschwindens draußen mit jemandem unterhielt, hat aber nicht genau aufgepasst und kann keine Personenbeschreibung liefern.
Name: Dolores Maldonado
Alter: 64 Jahre
Raumpflegerin im Hotel Amanecer. Hat beobachtet, wie das Paar das Hotelzimmer verließ. Sagt aus, dass sie einen gut gelaunten und entspannten Eindruck gemacht hätten.

ZUSATZHINWEISE

Eigentlich benötigst du diese Hinweise nicht, um den Fall zu lösen, aber wenn du das Gefühl hast, dass deine Ermittlungen in eine Sackgasse geraten sind, können sie dir helfen, wieder Bewegung in die Sache zu bringen. Lies aber nicht alle Hinweise auf einmal, gehe sparsam damit um. Vielleicht bringt dich ja schon einer auf die richtige Spur und zur Lösung des Rätsels. Viel Erfolg!

ZUSATZHINWEIS 1

Die URL auf dem Computerbildschirm gibt es wirklich. Wenn du sie im Browser deines Smartphones oder Computers aufrufst, gelangst du auf die Website und kannst das Passwort eingeben.

ZUSATZHINWEIS 2

Das Passwort für die Website ist der in Zahlen umgewandelte Name des Inspektors. Auf der Bürotür steht, dass er Habib Abad heißt. Jeder Buchstabe muss durch die Ziffer ersetzt werden, die seiner Position im Alphabet entspricht. Zum Beispiel steht das »H« an achter Stelle und damit für die 8.

ZUSATZHINWEIS 3

Sieh dir die realen Schauplätze des Falls auf Google Maps an. In der Nähe des Leichenfundorts wirst du ein markantes Bauwerk entdecken. Ist dir das Gebäude vielleicht bereits an anderer Stelle aufgefallen? Du kannst dir auch die Koordinaten anzeigen lassen, die auf dem Hundehalsband stehen. Was ist das Besondere an diesem Ort?

LÖSUNG

Es ist an der Zeit, die Details zu überprüfen, die Geschehnisse richtig einzuordnen und den Mörder dingfest zu machen:

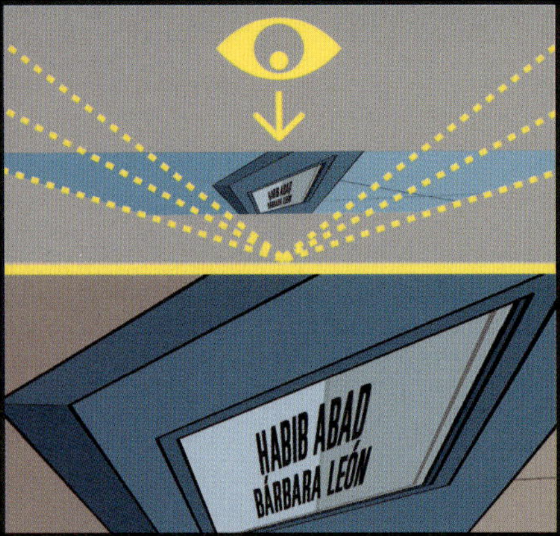

1 Wir befinden uns im Büro von zwei Polizeibeamten. Halte das Buch schräg und verändere den Blickwinkel auf die Tür, um ihre Namen zu lesen: Habib Abad und Bárbara León.

2 Habib wurde vergiftet. Das Gift könnte entweder dem Kaffee oder den Donuts beigemischt worden sein.

3 An der Pinnwand befindet sich Material zu einem Fall, an dem die beiden Inspektoren gerade arbeiteten.

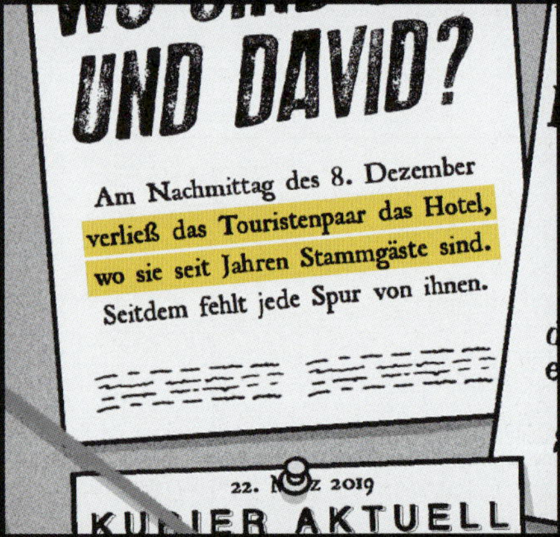

4 Darin geht es um ein vermisstes Paar, das eines Nachmittags nicht mehr in sein Ferienhotel zurückkehrte.

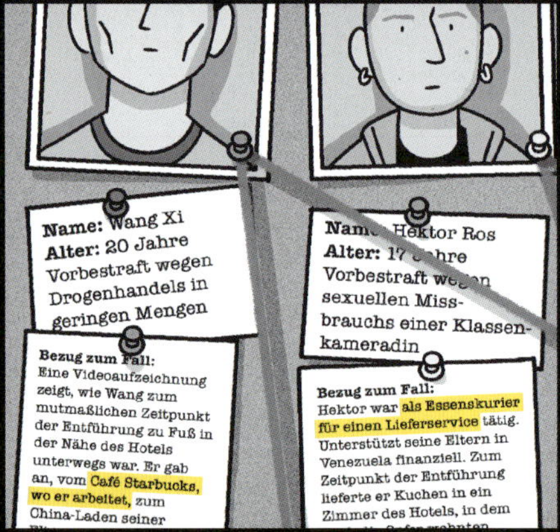

5 Zwei vorbestrafte Verdächtige waren zum Zeitpunkt der mutmaßlichen Entführung in Hotelnähe: ein Starbucks-Mitarbeiter (er hätte den Kaffee vergiften können) und ein Kurierfahrer (dass er die Donuts vergiftet hat, können wir ausschließen, weil er nicht mehr am Leben ist).

6 Der Hotelpage sagte aus, dass das Paar mit jemandem gesprochen habe. Er konnte aber keine näheren Angaben machen.

7 Im Todeskampf schrieb Habib die Buchstaben »EKTOR« auf seinen Tisch, was auf eine Person aus dem Fall hindeutet: Hektor, den bereits verstorbenen Verdächtigen.

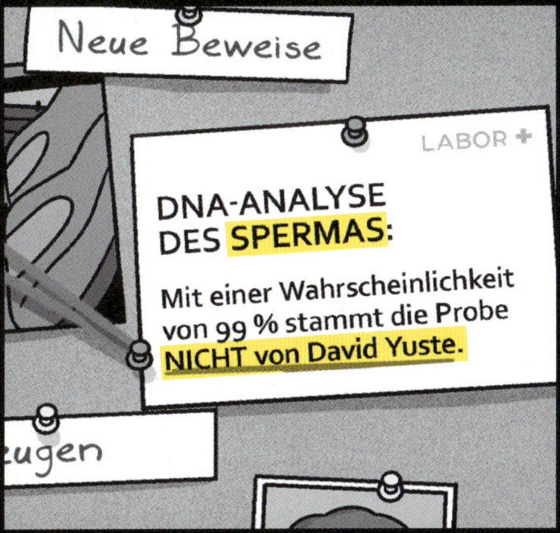

8 Das bei der Ermittlung gefundene Sperma verweist auf einen männlichen Entführer. Möglicherweise gab es ein sexuelles Motiv für die Tat.

9 Wenn wir die am Computer angezeigte URL aufrufen, wird ein aus neun Ziffern bestehendes Passwort verlangt.

10 Der Name des Polizisten besteht aus neun Buchstaben. Ersetzen wir diese jeweils durch die Zahl, die ihrer Position im Alphabet ent-

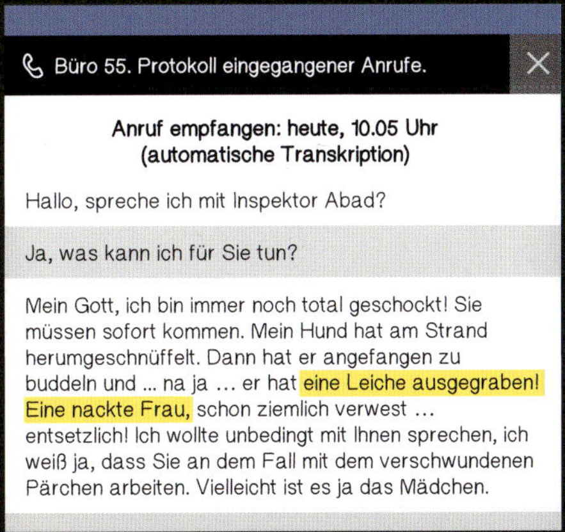

11 So bekommen wir Zugriff auf die Transkription eines kürzlich eingegangenen Anrufs, bei dem jemand den Fund einer weiblichen

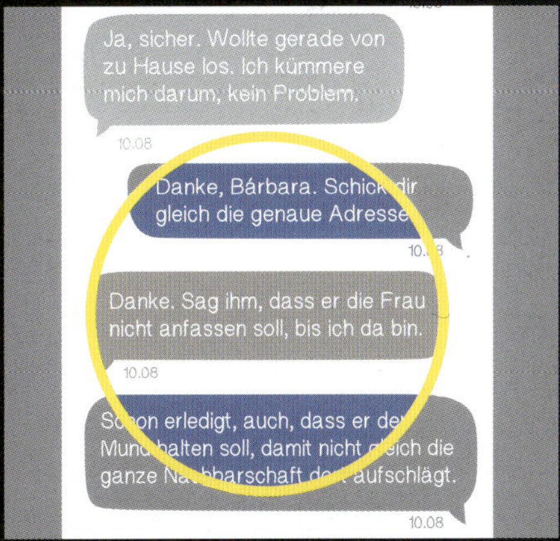

12 Der Chat zwischen Habib und Bárbara macht uns allerdings stutzig: Der Inspektor erwähnt mit keinem Wort, dass es sich bei

LÖSUNG

13 In der Schublade finden wir ein Bild, das ein Kind gemalt hat. Vermutlich das Kind der Inspektorin, denn der Hund auf dem Bild taucht auch auf ihrem Profilfoto auf.

14 Die Zeichnung muss aber schon älter sein, denn auf dem Foto ist der Hund schon groß. Vielleicht lebt er auch gar nicht mehr – sein Halsband liegt ja in der Schublade.

15 Der Junge auf dem Bild (der Sohn der Inspektorin) könnte also inzwischen bereits erwachsen sein.

16 Wenn wir den Fundort der Leiche mit Google Street View suchen, sehen wir einen Leuchtturm.

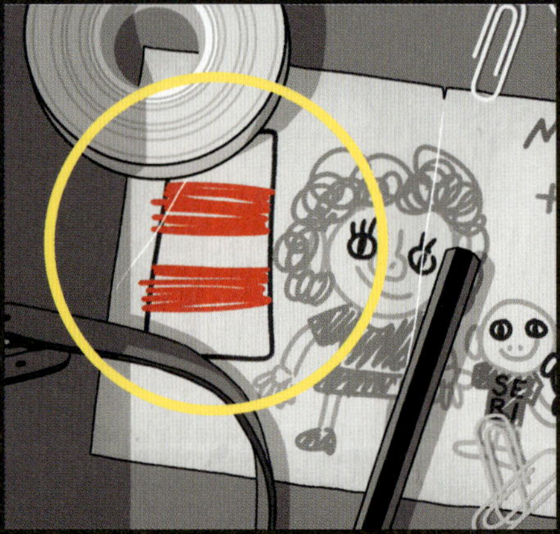

17 Genau dieser Leuchtturm taucht auch auf der Zeichnung auf. Vielleicht haben Bárbara und ihr Sohn in dieser Gegend ihre Ferien verbracht.

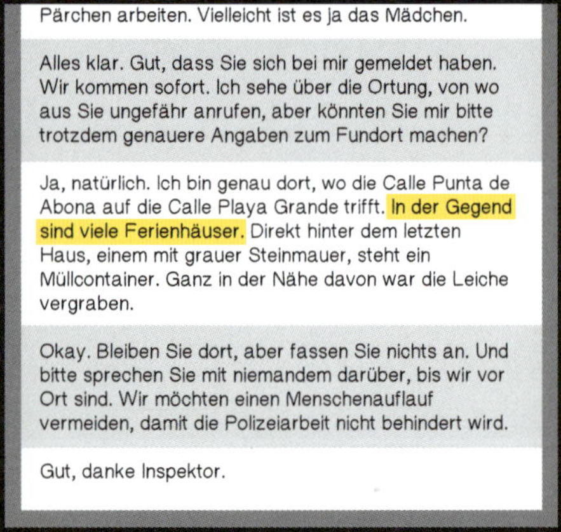

18 Wir vermuten, dass der Sohn der Inspektorin der Entführer ist und die Leichen in der Nähe ihres Ferienhauses vergraben hat. Aber wer ist der Sohn der Inspektorin?

19 Gehen wir nach dem Ausschlussprinzip vor. Der chinesische Verdächtige erwähnte, dass seine Eltern einen China-Laden besitzen. Er kann also nicht Bárbaras Sohn sein.

20 Der zweite Verdächtige gab an, seinen Eltern in Venezuela Geld zu schicken. Auch er ist demnach nicht der Sohn der Inspektorin.

21 Es kann sich also nur um den Pagen handeln.

22 Dieser ist außerdem rothaarig, genau wie seine Mutter auf der Zeichnung.

23 Und sein Name ist Bastián. Der Junge auf dem Bild heißt Sebi. Beides sind Kurzformen desselben Namens: Sebastián.

24 Seine Aussage, die Entführten beim Gespräch mit einer anderen Person beobachtet zu haben, ist gelogen. Er selbst sprach an jenem Tag mit ihnen.

LÖSUNG

25 Auf dem Hundehalsband finden wir die Koordinaten von Bárbaras Wohnung, die sich zufällig genau neben der Starbucks-Filiale befindet.

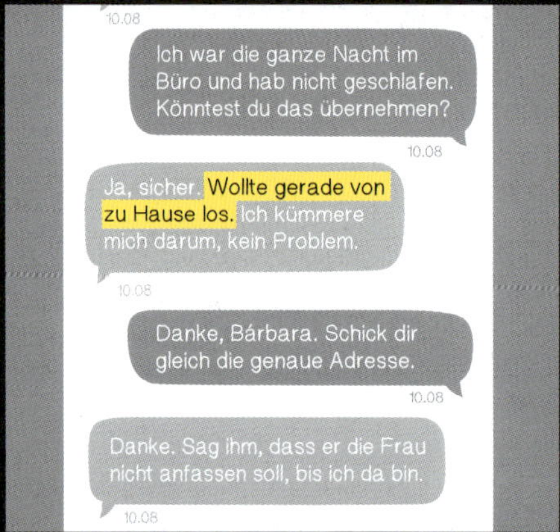

26 Sie schrieb, dass sie zu Hause sei. Also konnte sie auf dem Weg zu Habib den Kaffee holen und das Gift hineinmischen. Dann wollte sie die Leiche verschwinden lassen, um ihren Sohn zu schützen.

27 Demnach wollte der Polizist in den letzten Sekunden seines Lebens nicht »HEKTOR« schreiben, sondern den Namen seiner Mörderin: »INSP**EKTOR**IN LEÓN«.

VERGIFTUNG IM POLIZEIREVIER

VERGIFTUNG IM POLIZEIREVIER

REKONSTRUKTION DES TATHERGANGS

Eva und David verbringen jedes Jahr ihren Urlaub im Hotel Amanecer in Puerto de la Cruz (Teneriffa), wo Bastián Ruiz als Page arbeitet. Jahr für Jahr beobachtet er die beiden und entwickelt nachgerade eine Besessenheit für das Mädchen. Er begehrt sie und ist eifersüchtig auf den Jungen, mit dem sie sichtlich glücklich ist. Eines Tages, als seine Schicht gerade zu Ende ist, trifft er draußen auf das Paar. Einem plötzlichen Impuls folgend, entführt er die beiden.

Er bringt sie ins Ferienhaus seiner Familie im Süden der Insel. Dort vergeht er sich an dem Mädchen. Danach tötet er beide. Um sich der Leichen zu entledigen, hebt er in der Nähe des Hauses ein Loch aus. Dort vergräbt er sie – als Erstes den voll bekleideten Jungen, anschließend das nackte Mädchen.

Bastiáns Mutter Bárbara ist Inspektorin bei der örtlichen Polizei. Gemeinsam mit ihrem Kollegen Habib ist sie mit der Aufklärung des Verschwindens von Eva und David betraut. Eines Morgens geht bei Habib der Anruf eines Anwohners ein, der den Fund einer am Strand vergrabenen nackten Leiche meldet. Habib vermutet, dass es sich um Eva handeln könnte, und setzt sich sofort mit Bárbara in Verbindung. Diese hütet jedoch seit Monaten ein düsteres Geheimnis: Sie weiß, dass ihr Sohn derjenige ist, der die beiden Touristen ermordet und vergraben hat. Ihr ist vollkommen klar, dass durch den Leichenfund nun alles ans Licht kommen und ihr Sohn verurteilt werden würde.

Urplötzlich realisiert sie, dass Inspektor Abad und der Anrufer bislang die einzigen Menschen sind, die vom Fund der Leiche wissen. Um ihren Sohn zu schützen, beschließt sie daher, beide zu töten und die Leiche wieder zu vergraben.

In der Starbucks-Filiale nebenan holt sie einen Kaffee, versetzt ihn mit Gift und bringt ihn ihrem Kollegen. Der übermüdete Habib nimmt den Kaffee dankend an, und als sie sieht, dass er ihn trinkt, verabschiedet sie sich, um sich der gefundenen Leiche anzunehmen.

Als Habib erste Vergiftungssymptome bemerkt, fällt es ihm wie Schuppen von den Augen. Er nimmt einen Filzstift und versucht im Todeskampf, den Namen seiner Mörderin auf den Tisch zu schreiben, was er jedoch nicht mehr ganz schafft.

Bárbara ist jedoch losgezogen, ohne sich ihres fatalen Fehlers bewusst zu sein: Als ihr Kollege berichtet hatte, dass am Strand die Überreste eines nackten menschlichen Körpers gefunden worden seien, hatte sie vorweggenommen, dass es sich um eine Frau handelte. Habib hatte jedoch lediglich von einer Leiche gesprochen. Sie war automatisch davon ausgegangen, dass es sich bei dem Fund um Eva handelte, denn sie wusste, dass ihr Sohn das Mädchen nackt und nicht besonders tief vergraben hatte – im Gegensatz zu David, der vollständig bekleidet war und viel tiefer unter der Erde lag.

Ihr Fauxpas ist das entscheidende Puzzleteil für die Lösung beider Fälle. Sofort wird eine Streife in den Süden der Insel geschickt, um Bárbara festzunehmen, ehe sie noch mehr Unheil anrichten kann.

10:43
14/04/2019

Fall 4

ERHÄNGT IN DER GARDEROBE

WAR ES TATSÄCHLICH SELBSTMORD?

Wieder einmal wirst du mit einem Selbstmord konfrontiert, aber schon bald beschleicht dich der Verdacht, dass der Schein trügen könnte. Die Theatergarderobe, in der die Tote gefunden wurde, ist voller Gegenstände, die Aufschluss über die wirklichen Geschehnisse geben können.

Achte auf jedes Detail und versuche, die Hintergründe zu rekonstruieren. Nur so findest du heraus, ob es sich tatsächlich um einen Selbstmord oder doch um Mord handelt. Gibt es jemanden, der ein Tatmotiv hätte?

HÖRE DIR AN, WAS IM RADIO LÄUFT (S. 65)
KATHERINE. B
SCHALTE DAS LICHT AUS (S. 61)
UNTERSUCHE DEN SCHMINKTISCH (S. 64)
ENTFERNE DIESE FLIESE (S. 60)
SCHAUE IN DEN PAPIERKORB (S. 62)
SIEH DIR DEN FLYER AN (S. 63)

13/01
13/16
13/08
13/09
Kundenverzeichnis
18.00
L.P.........................1g 13/01
T.G.........................10g 13/08
A.S.........................5g 13/09
D.H.........................20g 13/16
20.00
T.O.........................10g 13/01
M.G.........................10g 13/08
M.R.........................5g 13/09
V.F.........................15g 13/16

KATHERINE. B
DAS GEHEIMNIS
BLONDEN

Seit drei Tagen komme ich zu
jeder Vorstellung und
bewundere dich über alles.
Bitte nimm diese Rose
und das Parfum als Zeichen
meiner Verehrung.
Ich bin dein größter Fan.
0. K
000 DM,
20.
rgisst
or der
klären
Vor
Sache

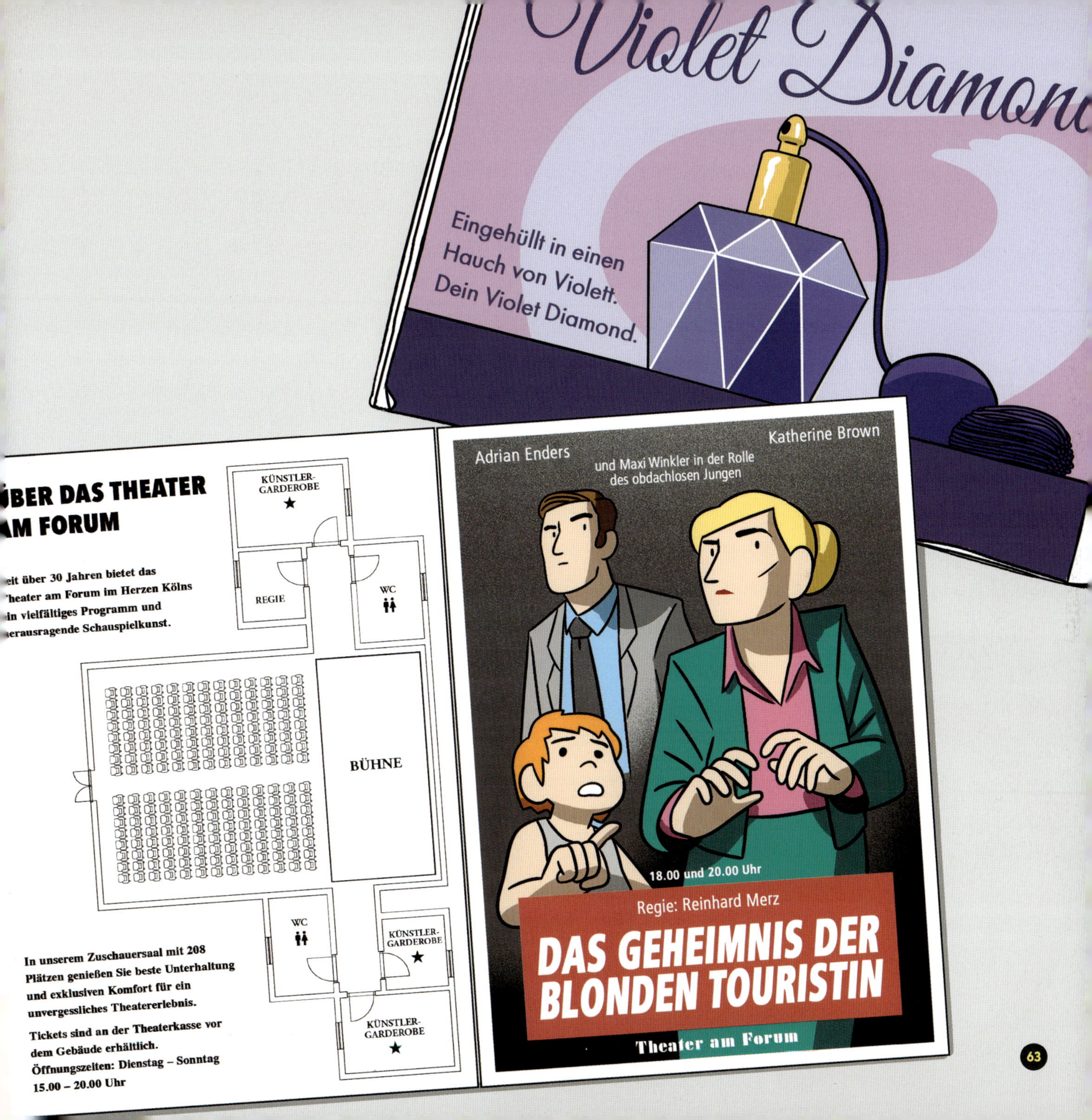

Violet Diamond
Eingehüllt in einen
Hauch von Violett.
Dein Violet Diamond.
BER DAS THEATER
M FORUM
eit über 30 Jahren bietet das
heater am Forum im Herzen Kölns
in vielfältiges Programm und
erausragende Schauspielkunst.
KÜNSTLER-
GARDEROBE
REGIE
WC
BÜHNE
WC
KÜNSTLER-
GARDEROBE
KÜNSTLER-
GARDEROBE
In unserem Zuschauersaal mit 208
Plätzen genießen Sie beste Unterhaltung
und exklusiven Komfort für ein
unvergessliches Theatererlebnis.
Tickets sind an der Theaterkasse vor
dem Gebäude erhältlich.
Öffnungszeiten: Dienstag – Sonntag
15.00 – 20.00 Uhr
Adrian Enders
Katherine Brown
und Maxi Winkler in der Rolle
des obdachlosen Jungen
18.00 und 20.00 Uhr
Regie: Reinhard Merz
DAS GEHEIMNIS DER
BLONDEN TOURISTIN
Theater am Forum

Es wird mir guttun, ein bisschen abzuschalten von allem. Zum Glück bleibt mein Mann, um die Kunden zu bedienen und damit das Stück weitergeht.
Außerdem hatte ich
wieder
unerwartet Besuch
Garderobe. Er hat
versucht, mich zu
obwohl auch mein
Theater war. Ich
diese
Wir müssen

Audio-Hinweis

Dir war, als hättest du im Radio etwas gehört, was mit den Ermittlungen zu tun hat. Scanne den QR-Code, um den Beitrag zu hören.

Falls du keine Internetverbindung hast, findest du auf Seite 207 eine Transkription des Anrufs.

ZUSATZHINWEISE

Eigentlich benötigst du diese Hinweise nicht, um den Fall zu lösen, aber wenn du das Gefühl hast, dass deine Ermittlungen in eine Sackgasse geraten sind, können sie dir helfen, wieder Bewegung in die Sache zu bringen. Lies aber nicht alle Hinweise auf einmal, gehe sparsam damit um. Vielleicht bringt dich ja schon einer auf die richtige Spur und zur Lösung des Rätsels. Viel Erfolg!

ZUSATZHINWEIS 1

Die Schauspielerin schreibt in ihrem Tagebuch, dass sie den ganzen Monat in San Bernardino (Kalifornien, USA) sein wird. Der Eintrag ist mit »12/03« datiert, aber bedenke, dass in den USA das Datum andersherum geschrieben wird: Zuerst kommt der Monat, dann der Tag. Der Eintrag ist also vom 3. Dezember und sie wird den ganzen Dezember weg sein. Und welchen Monat haben wir aktuell? Schalte doch mal das Licht aus und sieh aus dem Fenster ...

ZUSATZHINWEIS 2

Am Brief des Fans wird dir auffallen, dass bei seiner Schreibmaschine der Buchstabe »n« defekt ist. Das hinter der Fliese versteckte Kundenverzeichnis muss mit derselben Schreibmaschine geschrieben worden sein. Dort gibt es nämlich denselben Defekt beim »n«.

ZUSATZHINWEIS 3

Mithilfe des Theaterplans kannst du herausfinden, welche Garderobe Katherine gehört – und folglich auch, wer die Schauspielerin durch das Loch in der Wand beobachtet hat. Die beiden Seiten des Theaters sind allerdings ziemlich ähnlich aufgebaut; auf den ersten Blick könnte sich ihre Garderobe sowohl auf der einen als auch auf der anderen Seite befinden. Um sie exakt zu verorten, musst du dir die Türen genau ansehen. An ihnen gibt es einen kleinen, aber entscheidenden Unterschied.

LÖSUNG

Lüften wir das Geheimnis, indem wir den Tatort genau unter die Lupe nehmen und das Verbrechen rekonstruieren:

1 Wir befinden uns in der Künstlergarderobe eines Theaters. An der Tür steht der Name einer Schauspielerin: Katherine Brown.

2 Die Hauptdarstellerin des Stücks – wir erkennen sie anhand der Kleidung vom Plakat – baumelt erhängt von der Decke.

3 Alles scheint auf einen Selbstmord hinzudeuten: Das Opfer hat eine Vorhangkordel verwendet.

4 Als Motiv für den Selbstmord kommt die Scham über eine öffentliche Demütigung in Betracht: Der Presse wurden Nacktfotos von ihr zugespielt.

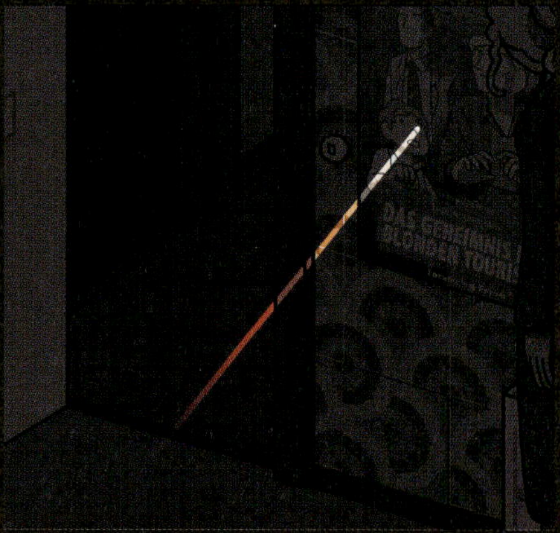

5 Wenn wir das Licht ausschalten, entdecken wir ein Loch in der Wand. Möglicherweise hat einer ihrer Kollegen dadurch die Fotos gemacht und sie der Presse zukommen lassen.

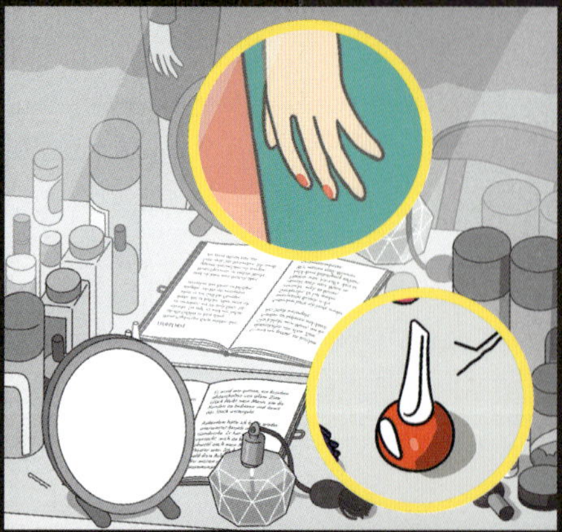

6 Im Spiegel sehen wir allerdings, dass nur zwei Fingernägel der Schauspielerin lackiert sind. Der Nagellack steht auf dem Schminktisch bereit. Wer würde sich nur zwei Nägel lackieren und dann Selbstmord begehen?

7 Wenn die Frau tatsächlich ermordet wurde, stellt sich die Frage nach dem Täter. Als Hauptverdächtige kommen ihr Schauspielkollege Adrian Enders und der Regisseur Reinhard Merz infrage.

8 Ein dritter Verdächtiger ist der Fan, dessen Brief im Papierkorb liegt. Könnte er die Schauspielerin getötet haben, weil sie seine Gefühle nicht erwidert hat?

9 Das Stück heißt *Das Geheimnis der blonden Touristin.* Demnach muss die Hauptfigur blond sein oder eine Perücke tragen. Die Perücke befindet sich auf dem Tisch, also ist das Opfer naturblond.

10 Im Radio erfahren wir, dass die Nacktfotos von einer blonden Schauspielerin stammen. Das legt nahe, dass es zwei Darstellerinnen gibt: eine blonde (die sich mutmaßlich wegen dieser Fotos erhängt hat) und eine weitere, die mit Perücke auftritt.

11 Wir wissen aber noch nicht, ob es sich bei der Erhängten, deren Nacktfotos veröffentlicht wurden, um die Hauptbesetzung (Katherine Brown, deren Name an der Garderobe und auf dem Plakat steht) oder um die Zweitbesetzung handelt.

12 Hinter der Wandfliese finden wir mit Zahlen beschriftete Beutel. Darin muss sich Kokain befinden, denn zwei Lines sind schon vorbereitet.

LÖSUNG

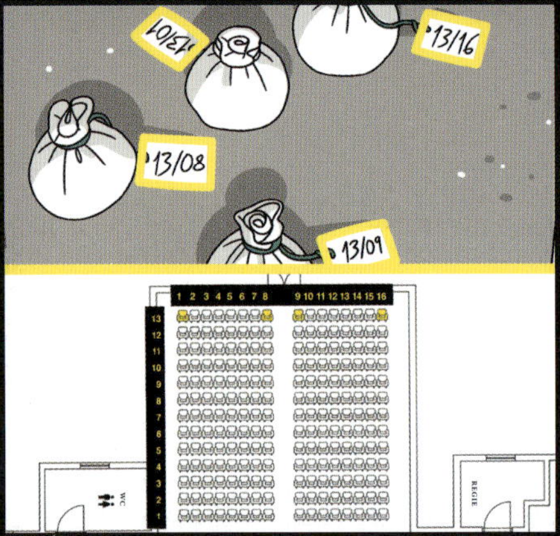

13 Die Zahlen können keine Datumsangaben sein, weil es keinen 13. oder 16. Monat gibt. Allerdings gibt es im Theater 13 Reihen mit je 16 Sitzplätzen.

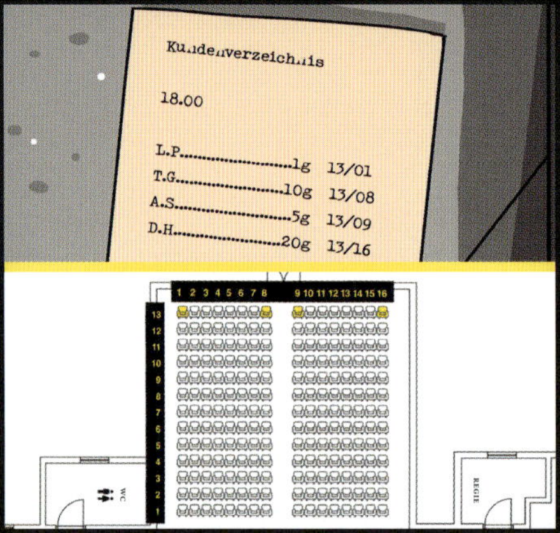

14 Dem Verzeichnis entnehmen wir, dass das Kokain unter den Gangplätzen der letzten Reihe bereitgestellt wurde. So lief die Abholung diskret ab, ohne die Vorstellung zu stören.

15 Ein Mitglied des Ensembles handelt also mit Drogen – wahrscheinlich die Schauspielerin, da sich das Kokain in ihrer Garderobe befindet.

16 Auf dem Schminktisch liegt ein Tagebuch, dessen Schloss mit einer zurechtgebogenen Haarnadel aufgebrochen wurde.

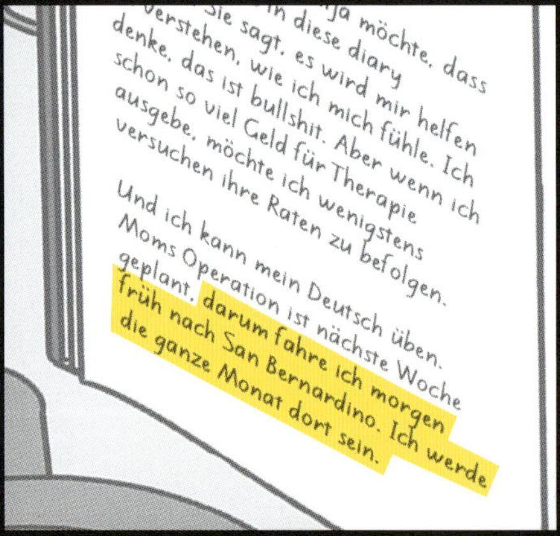

17 Mithilfe eines Spiegels finden wir heraus, dass das Tagebuch Katherine Brown gehört. Am »12/03« schrieb sie, dass sie den ganzen Monat in San Bernardino (Kalifornien, USA) verbringen würde.

18 Ihr Mann wird dableiben, damit das Stück weitergeht. (Sie ist also mit jemandem aus dem Theater verheiratet.) Und er wird sich um die Bestellungen der Kunden kümmern. (Damit kann sie nur die Drogen meinen – die beiden dealen also gemeinsam.)

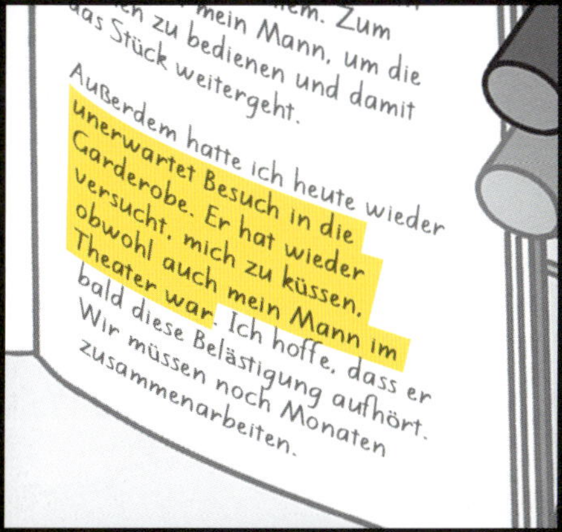

19 Ein Mann hat versucht, sie zu küssen. Noch wissen wir zwar nicht, ob ihr Ehemann der Regisseur oder der Schauspieler ist, aber es muss auf jeden Fall der andere gewesen sein. Oder der Fan.

20 Der Eintrag ist vom »12/03«, aber es ist nicht März, sondern Weihnachten. Bei ausgeschaltetem Licht ist Weihnachtsbeleuchtung vor dem Fenster zu sehen. Ist das Tagebuch womöglich nicht aktuell?

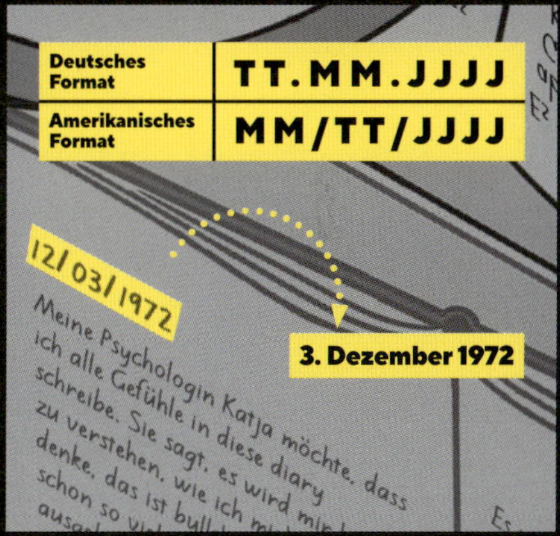

21 Die Schauspielerin kommt allerdings aus den USA, wo das Datum anders geschrieben wird. Sie schrieb »3. Dezember« und dass sie den ganzen Monat weg sein werde – also jetzt.

22 Wenn die Schauspielerin Katherine Brown, der das Tagebuch gehört, im Dezember weg ist, spielt zwangsläufig gerade jemand anderes ihre Rolle. Die Erhängte, deren Nacktfotos veröffentlicht wurden, muss die Zweitbesetzung sein.

23 Diese scheint das Versteck hinter der Fliese entdeckt zu haben. Außerdem hat sie Katherines Tagebuch gefunden und es mit einer Haarnadel aufgebrochen. So ist sie hinter das Geheimnis von der Schauspielerin und ihrem Mann gekommen.

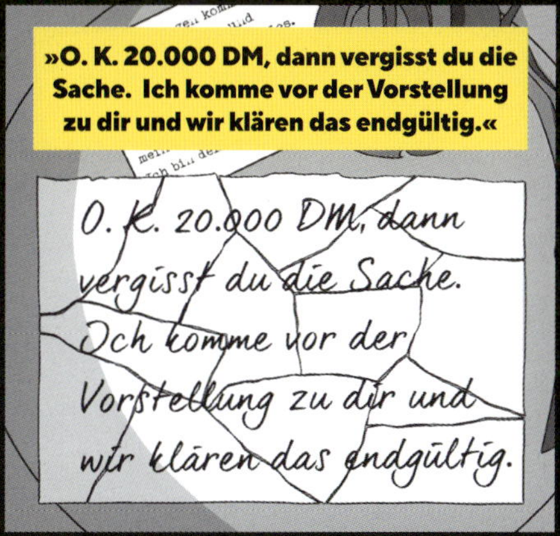

24 Die Schnipsel aus dem Papierkorb ergeben zusammengesetzt eine Nachricht, in der jemand in eine Erpressung einwilligt. Wir schließen daraus, dass die Ersatzschauspielerin 20.000 DM Schweigegeld von Katherines Ehemann gefordert hat.

LÖSUNG

25 Dieser beschließt daher, sie zu töten, spielt aber der Presse zuvor Nacktfotos von ihr zu, damit alle denken, sie habe sich aufgrund der Demütigung das Leben genommen.

26 Auf dem Schminktisch steht ein ähnliches Parfum wie das in der Anzeige. Es ist aber nicht violett, sondern grün, und der Verschluss sitzt nicht richtig. Jemand hat etwas hineingemischt.

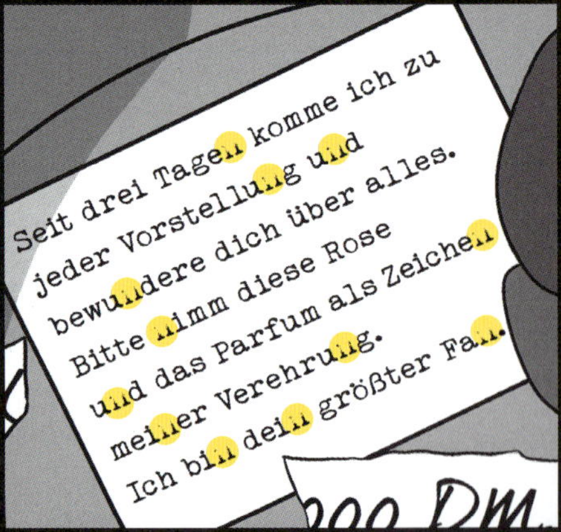

27 Angeblich wurde das Parfum von einem Fan geschickt, aber wenn wir die mit Schreibmaschine geschriebene Nachricht genau betrachten, fällt auf, dass der Buchstabe »n« defekt ist.

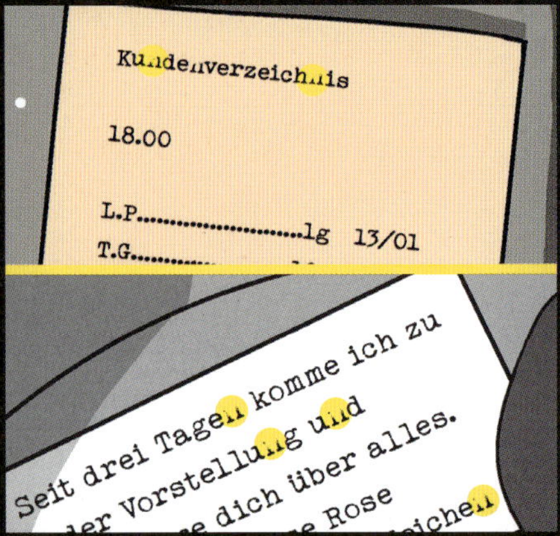

28 Wir schließen daraus, dass das Kundenverzeichnis mit derselben Schreibmaschine geschrieben wurde, da auch dort alle »n« defekt sind.

29 Den Fan gibt es in Wirklichkeit nicht. Der dealende Ehemann hat die Bewunderung nur vorgetäuscht und ihr ein mit Schlafmittel versetztes Parfum geschickt. Sobald sie sich damit einsprühen würde, würde sie einschlafen und er könnte sie ungehindert erhängen.

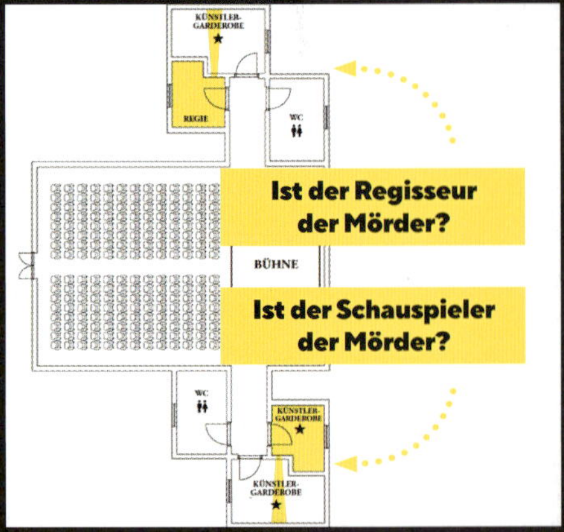

30 Aber wer ist Katherines Ehemann? Der Schauspieler oder der Regisseur? Das Loch in der Wand ist der Schlüssel zur Lösung. Wurde es von der anderen Garderobe aus gebohrt (dann wäre der Schauspieler der Mörder) oder vom Büro des Regisseurs aus (dann wäre dieser der Täter)?

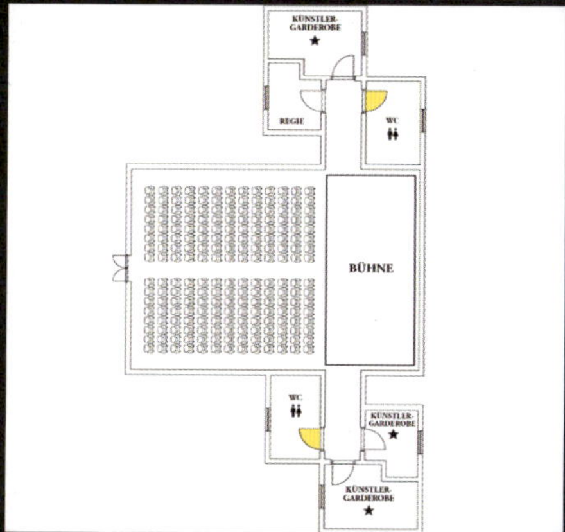

31 Die beiden WC-Türen bringen uns auf die richtige Spur, denn sie gehen in unterschiedliche Richtungen auf.

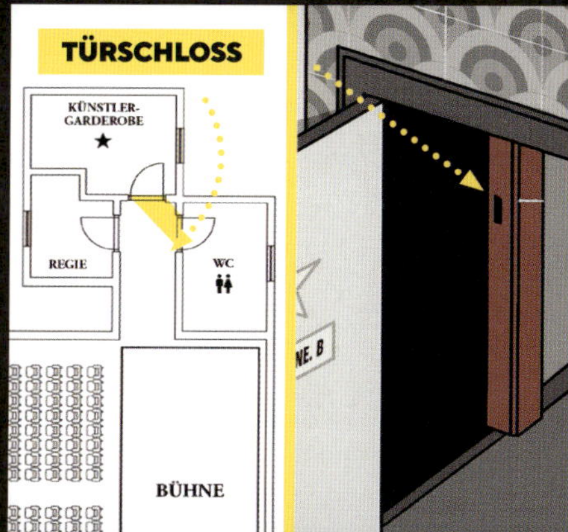

32 Wenn wir uns im Garderobenbereich rechts von der Bühne befänden, würden wir die Scharniere der WC-Tür sehen. Die Tür geht jedoch zur anderen Seite auf und wir sehen stattdessen die Öffnung für den Türschnapper. Also müssen wir uns links von der Bühne befinden.

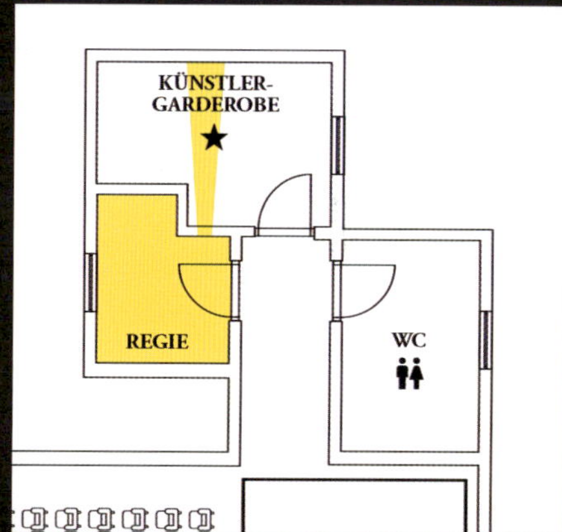

33 Demzufolge hat der Regisseur das Loch gebohrt. Er ist Katherines Ehemann und der Dealer, der die Ersatz-Schauspielerin ermordet hat.

ERHÄNGT IN DER GARDEROBE

REKONSTRUKTION DES TATHERGANGS

Als die Schauspielerin Katherine Brown nach Kalifornien reist, um ihrer kranken Mutter bei einer Operation beizustehen, springt am Theater eine Ersatzschauspielerin für sie ein. Die Zweitbesetzung benutzt dieselbe Garderobe wie Katherine. Eines Tages bemerkt sie, dass hinter einer der Wandfliesen fertig abgefüllte Beutel mit Kokain versteckt liegen. Die Beutel sind offenbar für bestimmte Zuschauer reserviert.

Mithilfe einer Haarnadel knackt die Schauspielerin das Schloss von Katherines Tagebuch und erfährt daraus, dass sowohl Katherine als auch ihr Ehemann, der Regisseur des Stücks, mit Kokain handeln. Das Ehepaar nutzt die Sitzplätze in der letzten Reihe des Theaters, um die Ware zu deponieren. Die Kunden müssen also nur Platz nehmen und abwarten, bis die Lichter ausgehen. Dann können sie sich das unter dem Sitz versteckte Kokain nehmen und wieder gehen. Die Dealer verwenden immer die Gangplätze, damit die übrigen Zuschauer nicht gestört werden, wenn ihre Kunden das Theater vorzeitig wieder verlassen.

Als Katherines Vertretung hinter diese Machenschaften kommt, beschließt sie, dem Regisseur Reinhard Merz mit der Polizei zu drohen und 20.000 DM von ihm zu erpressen. Reinhard geht zum Schein darauf ein. In Wirklichkeit fasst er jedoch den Plan, sie zu töten, um kein Schweigegeld bezahlen zu müssen.

Sein Plan sieht folgendermaßen aus: Zunächst bohrt er ein Loch in die Wand, die sein Büro von der Garderobe der Schauspielerin trennt. Dadurch macht er Nacktfotos von ihr und spielt die Aufnahmen der Presse zu. Als anonymer Fan schickt er ihr außerdem ein mit Schlafmittel versetztes Parfum, von dem die Schauspielerin augenblicklich einschläft. So kann Reinhard sie ohne Gegenwehr an einer Vorhangkordel erhängen und ihren Selbstmord vortäuschen. Die der Presse zugespielten Nacktfotos liefern ein Motiv für die Tat: Es sieht aus, als hätte die Schauspielerin wegen der öffentlichen Demütigung ihrem Leben ein Ende bereitet.

Glücklicherweise gelingt es durch die gewissenhafte Ermittlungsarbeit der Detektive, sowohl dem Mörder als auch dem Drogenhandel im Theater am Forum auf die Spur zu kommen. Reinhard und Katherine werden verhaftet.

KATHERINE. B
DAS GEHEIMNIS
BLONDEN TOURIS

Fall 5

TOD IN ÄGYPTEN

UNFALL ODER MORD?

Bei einer deiner Reisen nach Ägypten begegnet dir ein komplizierter Fall. Eine Frau ist auf brutale Weise von einem riesigen Stein erschlagen worden, der sich offenbar aus einem antiken Monument gelöst hat. Alle gehen von einem schrecklichen Unfall aus, aber aufgrund deiner Erfahrung vermutest du, dass mehr dahinterstecken könnte, und bietest deshalb deine Hilfe bei den Ermittlungen an.

Untersuche den Tatort, achte auf jedes Detail und versuche zu rekonstruieren, was passiert ist. Nur so findest du heraus, ob es tatsächlich ein tragischer Unfall war oder ob wir es mit einem brutalen Mord zu tun haben.

ENTZIFFERE DIE HIEROGLYPHEN (S. 79)
0 18. DYNASTIE DYNASTY XVII
1 19. DYNASTIE DYNASTY XIX
2 20. DYNASTIE DYNASTY XX
3 BÜROS OFFICES
LIES IHRE NACHRICHTEN (S. 81)
SIEH DIR DIE UNTERLAGEN AN (S. 82)
SCHAU AUF IHRE KAMERA (S. 78)
WIRF EINEN BLICK IN IHRE TASCHE (S. 80)

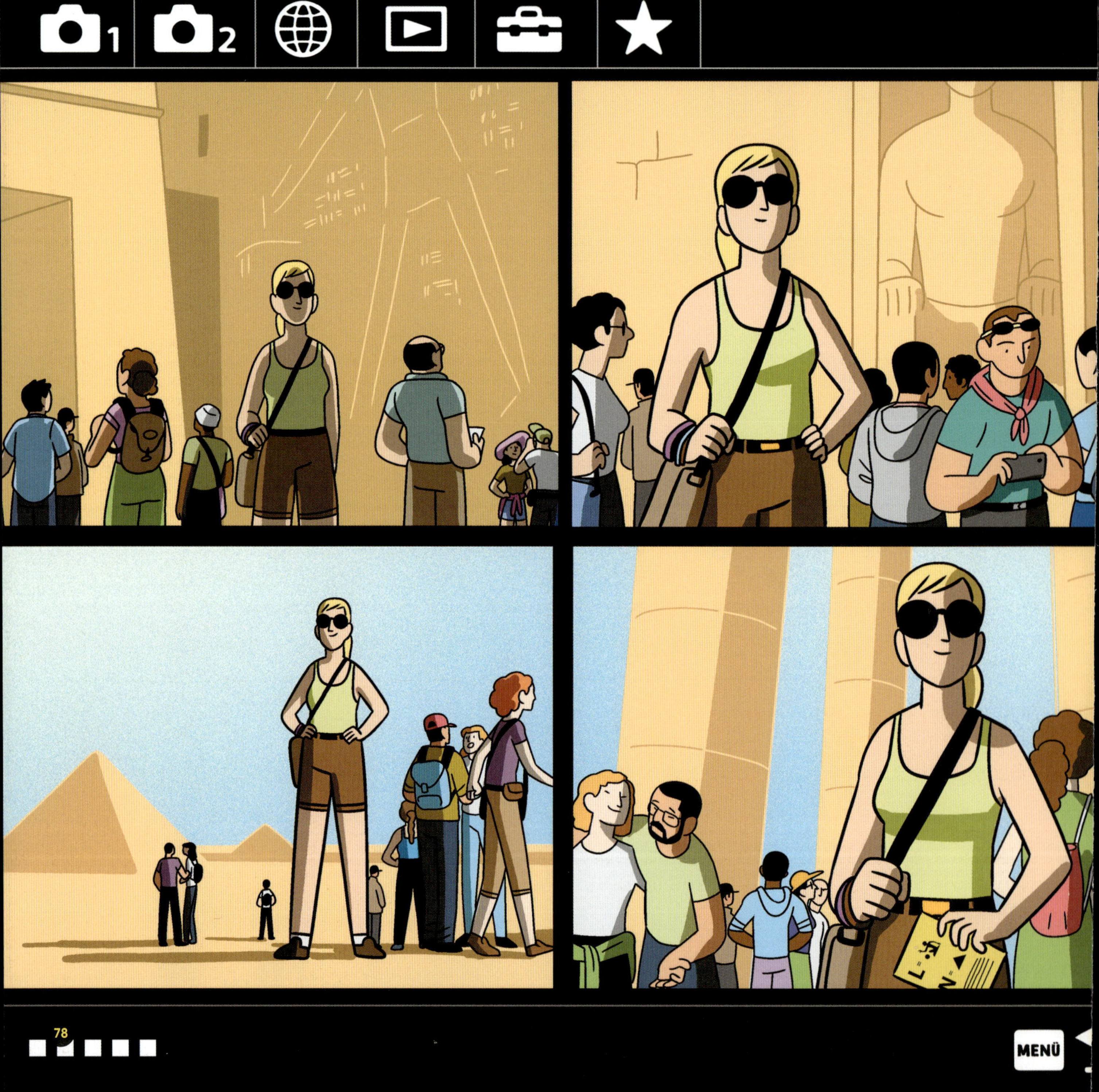
MENÜ

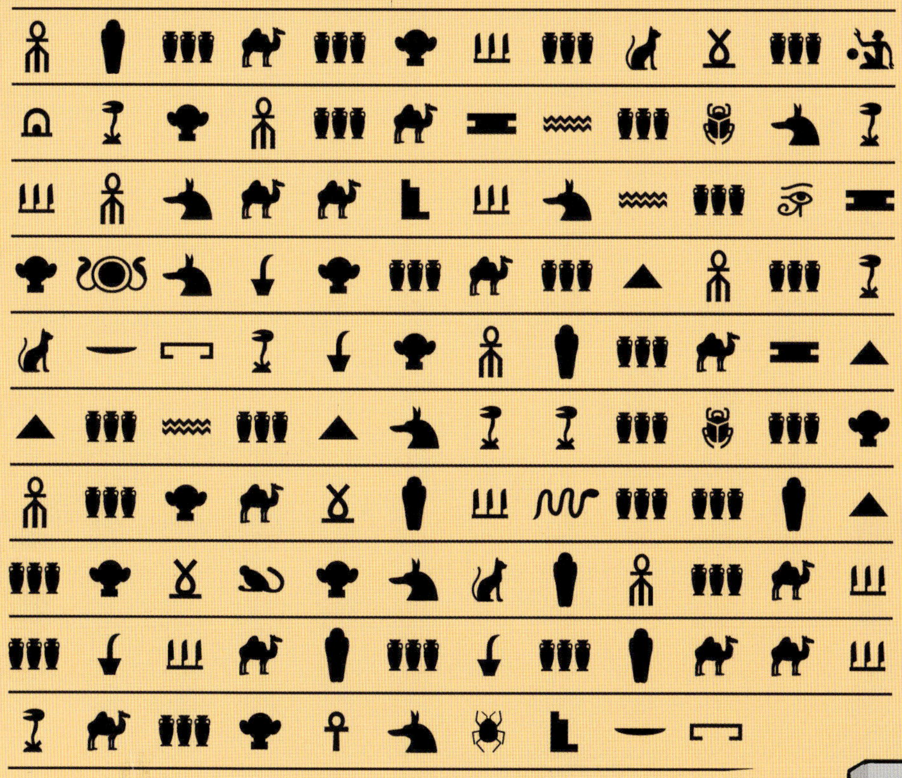

← Hieroglyphen
Hyeroglyphics

→ Mauer des heiligen Tempels (1202 v. Chr.)
Wall from sacred temple

Die acht Meter hohe Mauer erstreckt sich bis über zwei Stockwerke nach oben.
8 meters high, the wall rises to reach 2 floors higher

DAS HIEROGLYPHENSPIEL

Gelingt es Ihnen, diese Hieroglyphen zu entschlüsseln? Der Text beschreibt ein interessantes Phänomen in Bezug auf den Standort des Museums.

Kleiner Tipp: Die letzten Zeichen entsprechen dem Namen der nächstgelegenen Pyramide und der Nummer der Buslinie, die zum Museum fährt. Viel Glück!

THE HIEROGLYPHIC GAME

Can you decode this hyeroglyphic? If you do,

زورنا.
مباني التخزين. حماية عالية.
درجة حرارة مناسبة للأعمال الفنية.
الوصول الشخصي يرتدي سوار
الأرجواني.
يمكنك الوصول إلى هناك باستخدام
خط الحافلات أربعمائة وعشرة.
يستمر هذا الخط حتى متحف
فرعون.

2017

„ILLEGALER KUNSTHANDEL GEHÖRT KONSEQUENT VERFOLGT“

Rashidi Said ist der Direktor des ägyptischen Pharao-Museums, aus dem vor einigen Wochen ein wertvolles antikes Kunstwerk gestohlen wurde. In einer Erklärung in New York, wo er sich gerade aufhält, bringt er das Kernproblem derartiger Diebstähle auf den Punkt: „Die Behörden bieten hohe Belohnungen, aber die Diebe wissen, dass sie auf dem Schwarzmarkt noch höhere Summen erzielen können. Und genau deshalb kommt es zu immer neuen Einbrüchen. Es ist sehr schwierig, diesem Problem beizukommen.“ Said, der kommende Woche an der Silvestergala des Metropolitan Museums New York teilnehmen wird, hofft für das weitere Vorgehen auf Unterstützung der US-Regierung. „Behörden wie das FBI und Interpol haben bei der Wiederbeschaffung gestohlener Kunstgegenstände wiederholt Erfolge erzielt. Wir hoffen daher, dass auch das aus unserem Haus entwendete Stück bald wieder auftaucht, bei dem es sich um eines der bedeutendsten Exponate unseres Museums handelt.“

10.00
Philip Eliot
Restaurator
Gestern
Du bist der Experte, dafür wirst du bezahlt. Damit du mir sagst, ob die Stücke echt sind. Kannst du das anhand der Fotos überhaupt beurteilen?
11.02
Die beiden anderen waren eindeutig gefälscht. Anhand der Fotos und Beschreibungen erkennt man das sofort. Aber das hier ist echt, da bin ich mir sicher.
Es entspricht 1 : 1 dem, das vor ein paar Wochen gestohlen wurde. Wann triffst du dich mit dem Anbieter?
11.03
Ich hatte ein Treffen im Hotel vorgeschlagen, aber er traut mir nicht über den Weg. Darum hat er mich erst an einen öffentlichen Ort bestellt, einen abgelegenen Raum direkt im Museum. Dort soll ich ihm meinen Ausweis zeigen und einen Vorschuss geben. Dann bringt er mich dahin, wo er die Ware versteckt hat.
11.03
Soll ich rüberfliegen und mitkommen?
11.04
Sei mir nicht böse, Philip, aber ich möchte nicht, dass du dabei bist. Jetzt, wo ich weiß, dass das Stück echt ist, kann ich keinem mehr trauen – auch dir nicht.

Ring von Ramses I.
Übersetzung der Inschrift: „Ramses I., ewig wie die Kraft des Ra, 1238 v. Chr."

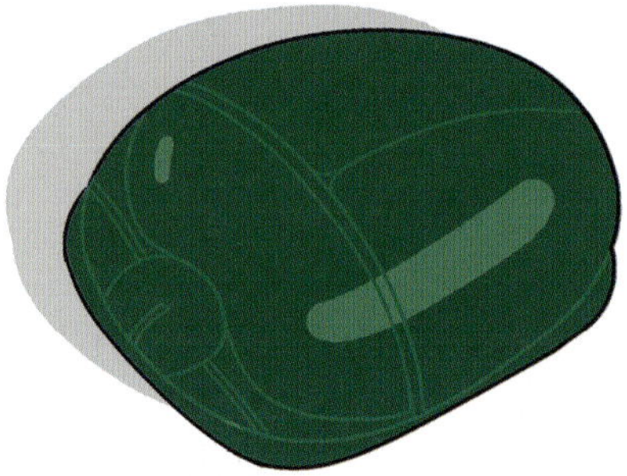

Heiliger Skarabäus. Übersetzung der Inschrift auf der Unterseite:
„Unser Pharao verkörpert die Seele des Ra und wird von den Göttern geliebt."

Goldmünzen der 18. Dynastie.
Die Prägung nimmt Bezug auf den Gott Ra.

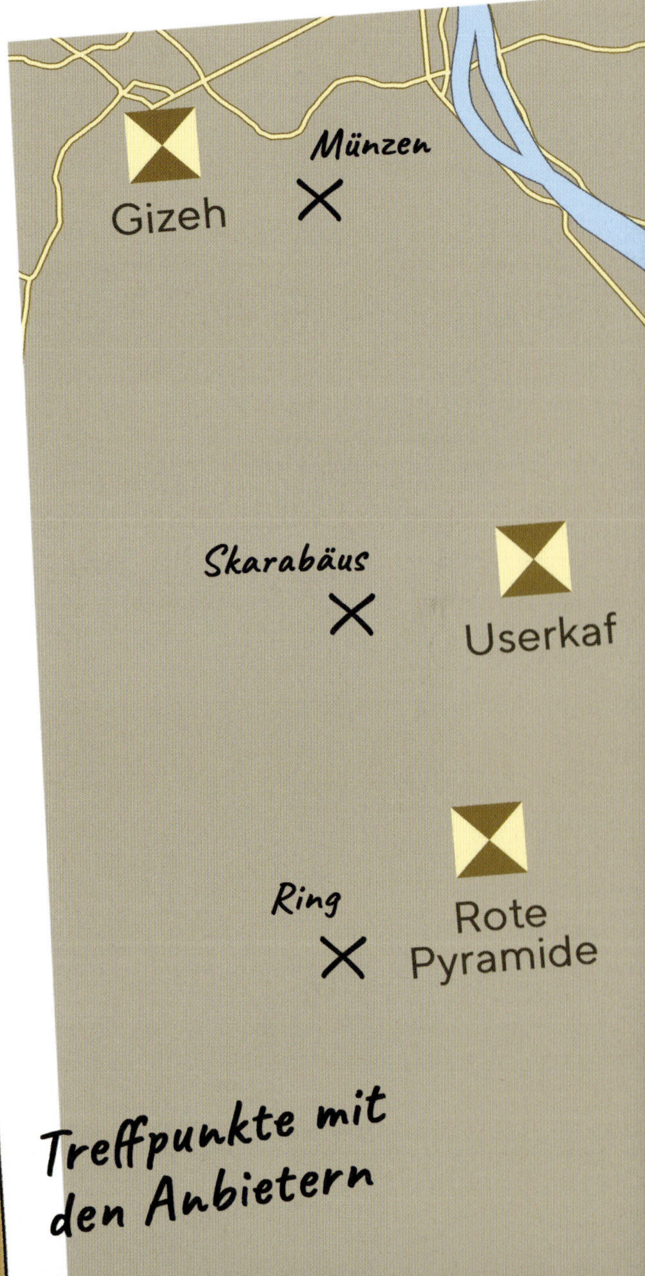

Treffpunkte mit den Anbietern

ZUSATZHINWEISE

Eigentlich benötigst du diese Hinweise nicht, um den Fall zu lösen, aber wenn du das Gefühl hast, dass deine Ermittlungen in eine Sackgasse geraten sind, können sie dir helfen, wieder Bewegung in die Sache zu bringen. Lies aber nicht alle Hinweise auf einmal, gehe sparsam damit um. Vielleicht bringt dich ja schon einer auf die richtige Spur und zur Lösung des Rätsels. Viel Erfolg!

ZUSATZHINWEIS 1

Kryptische Hinweise aus der Tasche des Opfers kannst du mithilfe verschiedener Online-Tools entschlüsseln: Über eine Suchmaschine findest du die Bedeutung bestimmter Abkürzungen heraus und mit einer Übersetzungs-App kannst du fremdsprachige Texte lesen, auch arabische. Scanne den Text mit der Kamera deines Mobiltelefons und die App liefert dir eine deutsche Übersetzung.

ZUSATZHINWEIS 2

Um die gefälschten Kunstobjekte zu identifizieren, solltest du berücksichtigen, dass Jesus Christus in der betreffenden Zeit noch nicht geboren war und es die lateinische Schrift noch nicht gab – hilft dir das weiter?

ZUSATZHINWEIS 3

Um Verdächtige ausschließen zu können, musst du wissen, in welchem Stockwerk du dich befindest. Auf der Infotafel steht, dass sich die Mauer bis über zwei Stockwerke nach oben erstreckt. Der Stein muss von ganz oben heruntergestoßen worden sein. Recherchiere, welche Dynastie 1202 v. Chr. (dem Baujahr der Mauer) regiert hat – dann weißt du, in welchem Stockwerk du dich befindest.

LÖSUNG

Untersuchen wir den Tatort genau, um die Geschichte Schritt für Schritt zu rekonstruieren und das Rätsel zu lösen:

1 Wir befinden uns in einem Museum für ägyptische Geschichte. Die Polizei hat einen Bereich abgesperrt, in dem sich ein tödlicher Unfall ereignet hat.

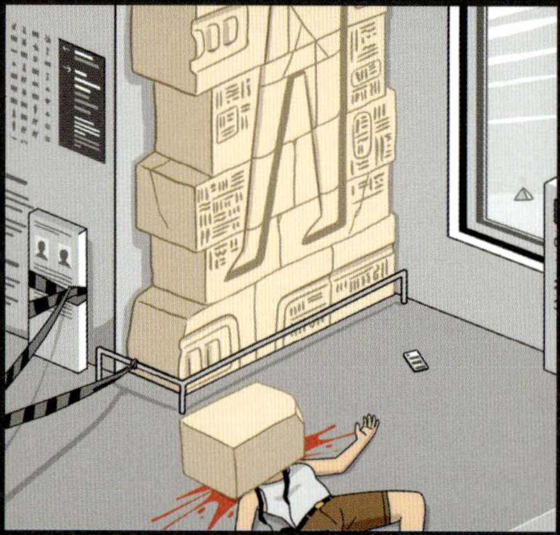

2 Eine Frau ist von einem Stein erschlagen worden, der sich von einer im Museum ausgestellten antiken Mauer gelöst hat.

3 Aus ihrer Tasche sind Fotos von Kunstgegenständen gefallen; außerdem nutzt sie mehrere Identitäten. Alles scheint auf eine Sammlerin hinzudeuten, die Kunst auf dem Schwarzmarkt kauft.

4 Unter ihren Sachen befindet sich auch ein Zeitungsartikel, in dem steht, dass illegale Kunsthändler kürzlich etwas aus diesem Museum gestohlen haben.

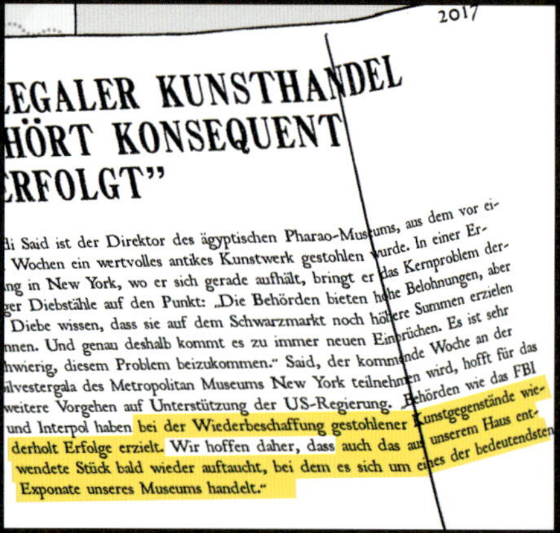

5 Laut dem Artikel konnten die Behörden zwar bereits viele gestohlene Kunstwerke wiederbeschaffen, das aus diesem Museum entwendete Stück wurde jedoch noch nicht gefunden.

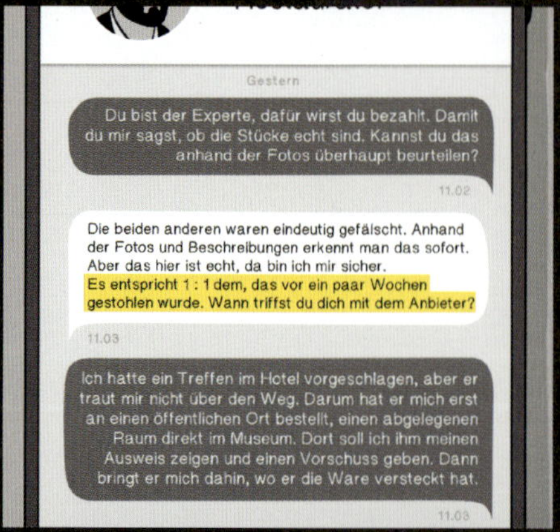

6 Das Opfer hat in einer Chatnachricht geschrieben, dass es mit einem Händler verabredet ist, um genau dieses Stück zu kaufen.

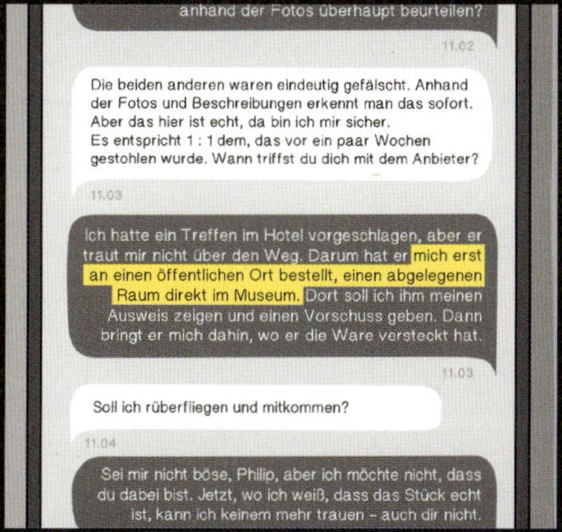

7 Das Treffen sollte im Museum stattfinden.

8 Die Münzen sind gefälscht, weil in ihrer Inschrift das Wort »RA« in lateinischen Buchstaben zu sehen ist. Die lateinische Schrift entstand jedoch erst viele Jahrhunderte später.

9 Auch der Ring ist eine Fälschung, weil darauf »1238 v. Chr.« geprägt ist. Dies entspricht nicht der damaligen Zeitrechnung, denn die alten Ägypter wussten nichts von der zukünftigen Geburt Christi.

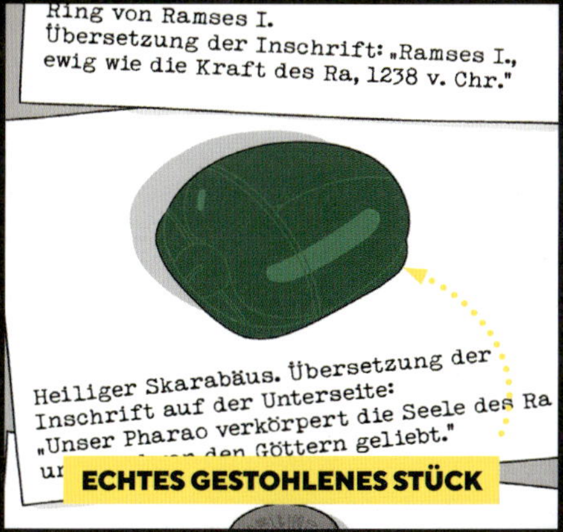

10 Das Stück, das die vermeintliche Sammlerin dem Händler abkaufen wollte, kann also nur der Skarabäus sein.

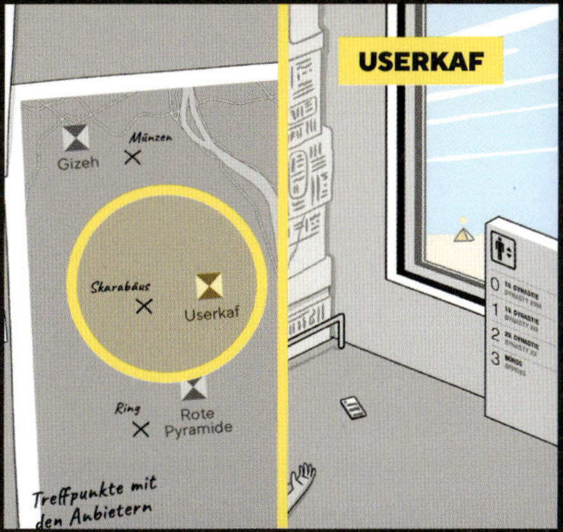

11 Der Treffpunkt der beiden ist auf dem Plan eingezeichnet. Er befindet sich in der Nähe der Userkaf-Pyramide. Damit kennen wir den Namen der Pyramide, die durch das Museumsfenster zu sehen ist.

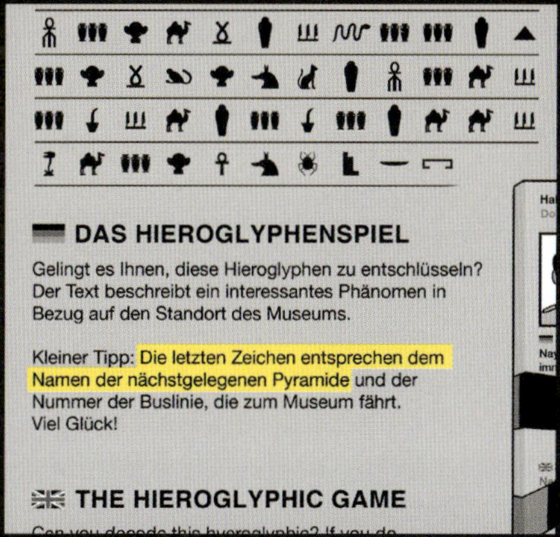

12 Mit dieser Information können wir die Hieroglyphen teilweise entschlüsseln; uns fehlen jedoch die letzten Zeichen, die der Nummer der Buslinie entsprechen.

LÖSUNG

13 Auf allen Fotos des Opfers ist eine Person mit Hut zu sehen. Ist das der Händler, der seine Interessentin auskundschaftet? Oder der Restaurator, der das echte Stück stehlen will?

14 Der Restaurator kann eindeutig nicht der Händler sein, denn die Frau hätte ihn beim Treffen erkannt. Wer also ist die Person, die den gestohlenen Kunstgegenstand zum Kauf anbietet?

15 Mehrere Männer kommen infrage: der Museumsdirektor (er könnte es selbst gewesen sein), einer der Museumswärter (sie haben Zugang zum Museum) oder auch der Tourist vom Tatort.

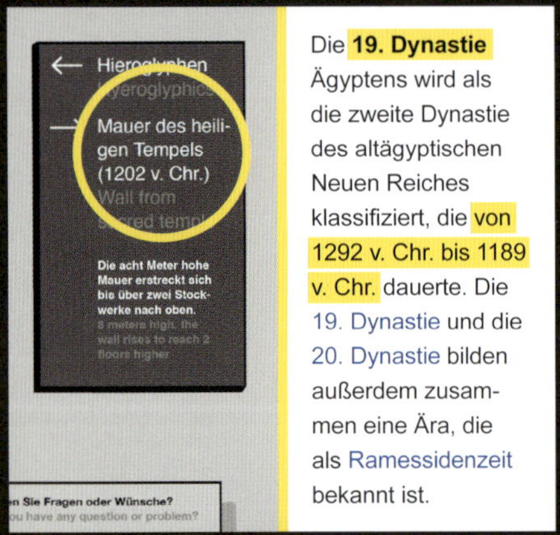

16 Einige von ihnen können wir jedoch ausschließen: Die Mauer wurde 1202 v. Chr. gebaut. Per Internet-Recherche finden wir heraus, dass dieses Jahr der 19. Dynastie zugeordnet wird (denk daran, dass die Jahre vor Christi Geburt rückwärts gezählt werden).

17 Wir befinden uns also im ersten Stock, und wenn sich die Mauer bis über zwei Stockwerke nach oben erstreckt, muss der Stein aus dem dritten Stock – der Büroetage – heruntergestoßen worden sein. Folglich muss der Täter ein Mitarbeiter gewesen sein.

18 Dies ist ein weiterer Beleg dafür, dass es nicht der Restaurator gewesen sein kann. Und auch der Tourist scheidet aus, weil er nicht im Museum arbeitet.

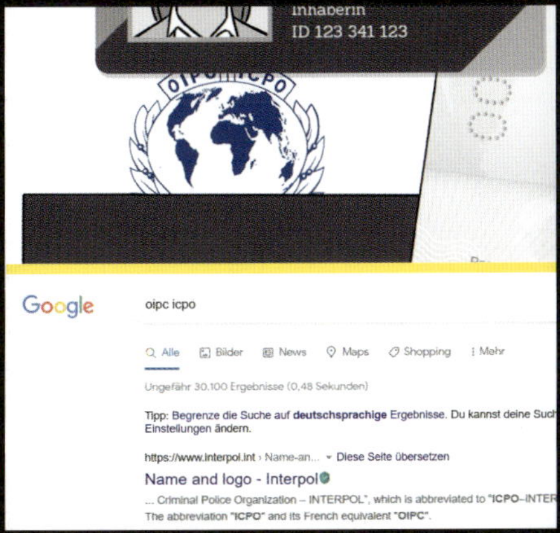

19 Das Symbol auf dem Rucksack des Opfers können wir anhand einer Internet-Suche nach der Abkürzung identifizieren. Es handelt sich um das Logo von Interpol.

20 Das Opfer muss eine verdeckte Ermittlerin gewesen sein, die, getarnt als Sammlerin, versucht hat, gestohlene Kunstgegenstände wiederzubeschaffen.

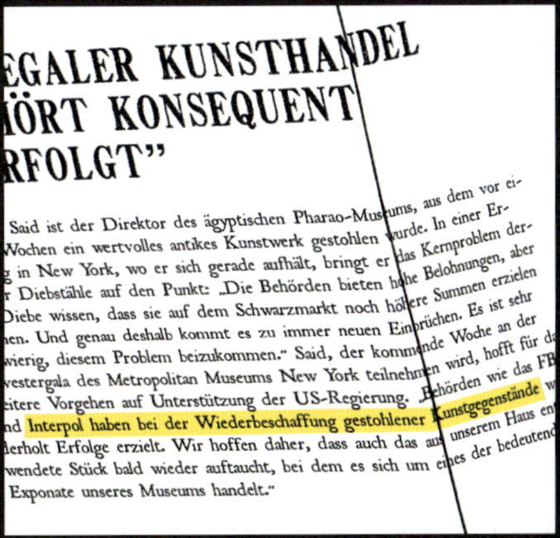

21 In der Zeitung war die Rede davon, dass Interpol bereits einige der Stücke aufspüren konnte.

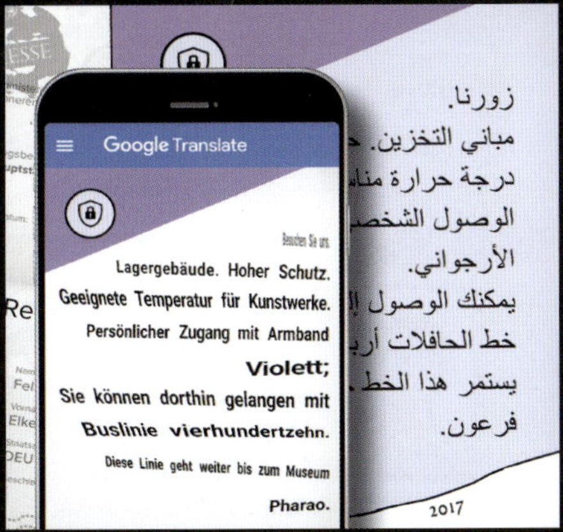

22 Mithilfe einer Übersetzungs-App können wir den arabischen Text verstehen: Hochsicherheitslager. Geeignete Temperatur für Kunstwerke. Zugang mit violettem Armband. Erreichbar mit Buslinie 410, Fahrtrichtung Pharao-Museum.

23 Wir stellen fest, dass das Opfer auf allen Fotos ein violettes Armband trägt. Am Tatort ist es jedoch nicht zu sehen – es wurde gestohlen.

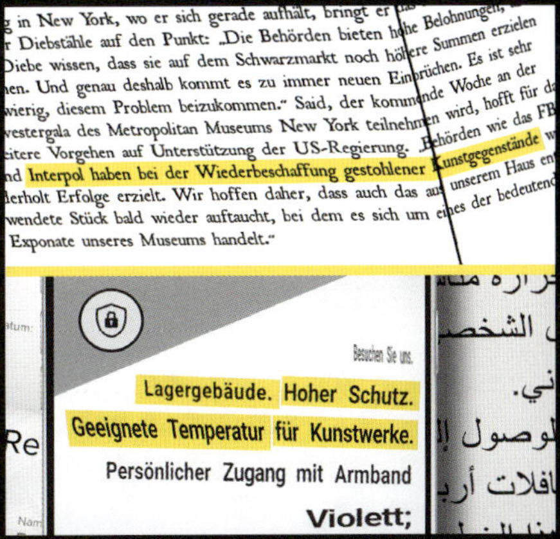

24 Da es die Aufgabe der Interpol-Ermittlerin war, gestohlene Kunstgegenstände wiederzubeschaffen, können wir davon ausgehen, dass diese im Lager untergebracht waren und dass der Mörder sie alle in seinen Besitz bringen wollte.

LÖSUNG

25 Also ist er ihr durch die Stadt gefolgt, bis er herausgefunden hat, wo sich das Lager befindet.

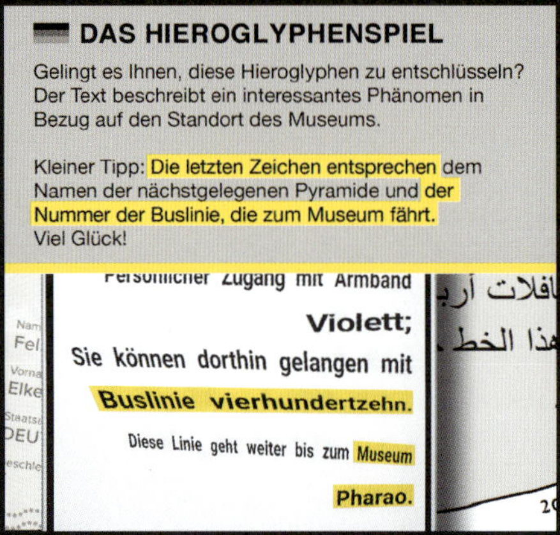

26 Darüber hinaus kennen wir nun die Nummer der Buslinie und können so den Großteil der Hieroglyphen entschlüsseln.

27 Auf einem der Fotos des Opfers finden wir die Bedeutung von zwei weiteren Hieroglyphen.

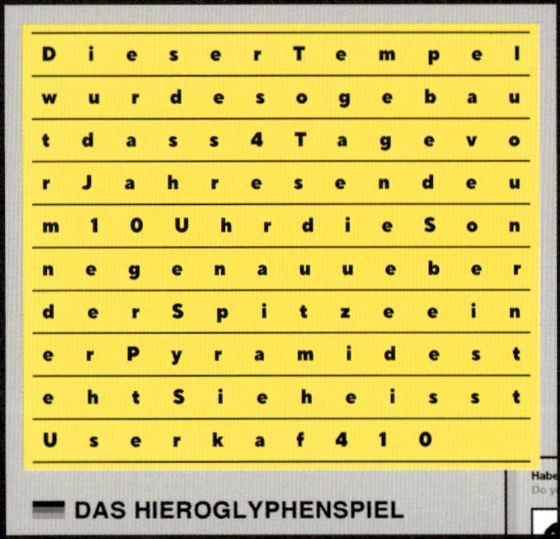

28 Die übrigen können wir uns erschließen: »Dieser Tempel wurde so gebaut, dass 4 Tage vor Jahresende um 10 Uhr die Sonne genau über der Spitze einer Pyramide steht. Sie heißt Userkaf. 410.«

29 Da die Sonne exakt über der Pyramide steht, muss heute der 27. Dezember (vier Tage vor Jahresende) sein. Und das Handy des Opfers zeigt 10.00 Uhr an.

30 Von den drei verbliebenen Verdächtigen – dem Museumsdirektor und den beiden Wärtern – können wir nun auch den Direktor ausschließen. Er befindet sich heute, am 27. Dezember, in New York.

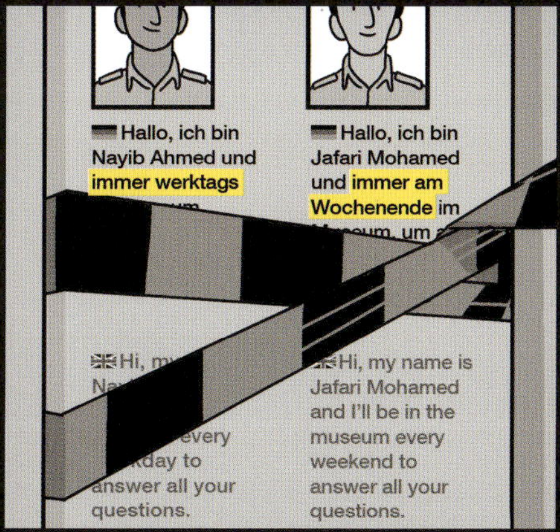

31 Konzentrieren wir uns also auf die beiden Museumswärter. Einer arbeitet unter der Woche, der andere am Wochenende.

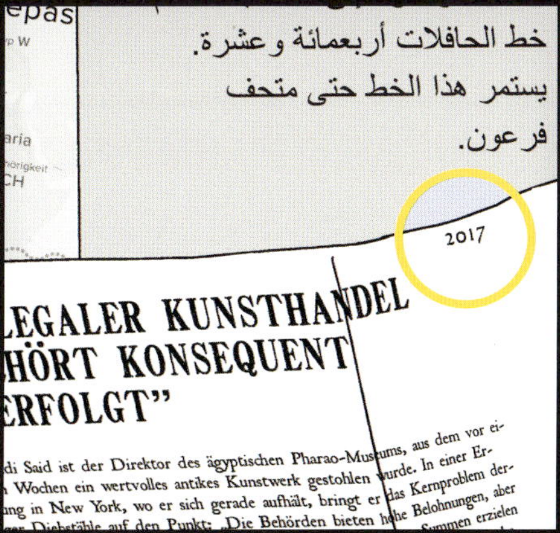

32 Laut der Zeitung haben wir das Jahr 2017.

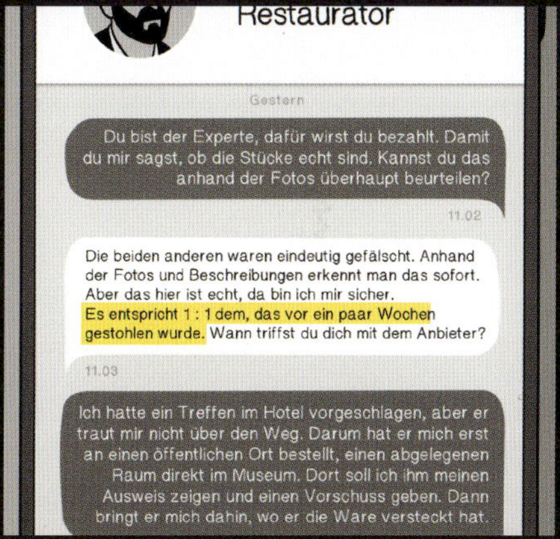

33 Wir können sicher sein, dass die Zeitung aktuell ist, weil im Artikel steht, dass der Raub vor einigen Wochen stattgefunden hat, und das der Information aus dem Chat entspricht.

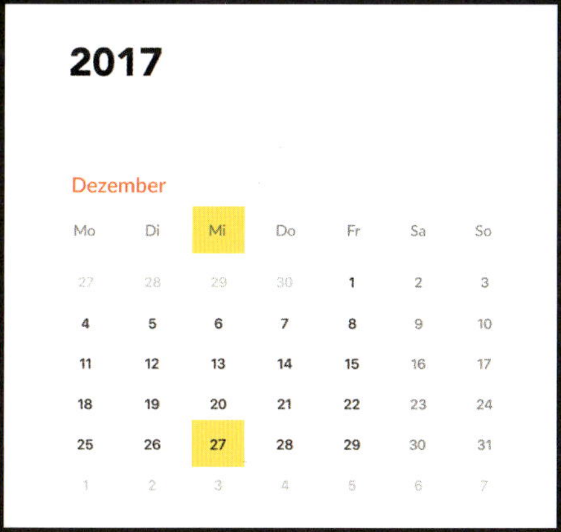

34 Wir müssen also nur noch nachsehen, welcher Wochentag der 27. Dezember 2017 war. Es war ein Mittwoch.

35 Demnach war es Nayib, der mit dem Opfer verabredet war. Er hat im dritten Stock gewartet, bis sie eingetroffen ist. Dann hat er den Stein hinuntergestoßen und sie getötet. Anschließend gab er vor, ihr zur Hilfe zu eilen, und hat dabei unbemerkt ihr Armband gestohlen.

REKONSTRUKTION DES TATHERGANGS

Nayib Ahmed arbeitet als Aufseher im Pharao-Museum, einer bedeutenden Kunstgalerie mit mehreren Hundert Exponaten aus verschiedenen Epochen des Alten Ägypten.

Ihm ist zu Ohren gekommen, dass sich mit gestohlenen Kunstgegenständen auf dem Schwarzmarkt astronomische Summen erzielen lassen.

Als Mitarbeiter hat er direkten Zugang zu vielen sehr wertvollen Stücken. Also beschließt er, einen der größten Kunstschätze des Museums zu stehlen: den heiligen Skarabäus.

Sobald in den einschlägigen Kreisen bekannt wird, dass sich der Skarabäus in seinem Besitz befindet, kontaktiert ihn eine Interessentin aus Deutschland. Unter dem Namen Sylvia Rothenberger gibt sie sich als private Sammlerin für ägyptische Kunst aus. In Wirklichkeit ist Sylvia jedoch Ermittlerin bei Interpol und versucht unter falscher Identität, illegalen Händlern wie ihm das Handwerk zu legen und kostbares Diebesgut wiederzubeschaffen.

Aber Nayib ist nicht so blauäugig, jedem potenziellen Käufer gleich zu vertrauen. Er weiß, dass hinter einer angeblich interessierten Galeristin auch die Polizei stecken kann. Daher beschließt er, Sylvia ausfindig zu machen und ihr zu folgen. Aus sicherer Entfernung beobachtet er, wie sie als Touristin unterwegs ist, doch schon bald kommt er hinter die wahre Identität der jungen Frau. Er findet heraus, dass ihr ein riesiges Hochsicherheitslager zur Verfügung steht, in dem sie alle wiederbeschafften Stücke aufbewahrt – ein gigantischer Schatz, der Nayib zum Millionär machen kann.

Nayibs Recherchen ergeben, dass das Lager über ein automatisiertes Zugangssystem verfügt. Es wird über das violette Armband gesteuert, das Sylvia immer am Handgelenk trägt. Also muss er nur an dieses Armband kommen, um Zugriff auf all die Kunstgegenstände zu haben.

Daraufhin schmiedet er den perfekten Plan, um die Ermittlerin zu töten und es nach einem tragischen Unfall aussehen zu lassen.

Unter dem Vorwand, dass ihr erstes Treffen aus Sicherheitsgründen an einem öffentlichen Ort stattfinden müsse, bestellt Nayib Sylvia an einem seiner Arbeitstage ins Museum. Als Treffpunkt nennt er ihr die Steinmauer im ersten Stock. Er selbst aber befindet sich zwei Etagen über ihr und rüttelt an einem der riesigen Steine, die die Mauer krönen, bis dieser sich löst und hinabstürzt. Sie ist sofort tot. Anschließend tut er so, als wollte er ihr zur Hilfe kommen, und nimmt ihr dabei unauffällig das Armband ab.

Dank der minutiösen Detektivarbeit kann Nayib jedoch festgenommen werden, als er gerade das Sicherheitslager betreten will, um alle Kunstschätze zu rauben, die Interpol dort deponiert hat.

3 BÜROS
OFFICES

Fall 6

MORD AUF HOHER SEE

WER LÜGT HIER?

Eigentlich wolltest du dir mit einer Atlantikkreuzfahrt eine verdiente Auszeit nehmen, aber eine unverhoffte Leiche an Bord macht dir einen Strich durch die Rechnung. Du wirst an Deck benötigt, um das Verbrechen aufzuklären und den Mörder zu finden.

Höre dir die Aussagen der Verdächtigen an und finde eindeutige Beweise dafür, wer lügt und folglich auch den Mord begangen hat. Was war das Motiv?

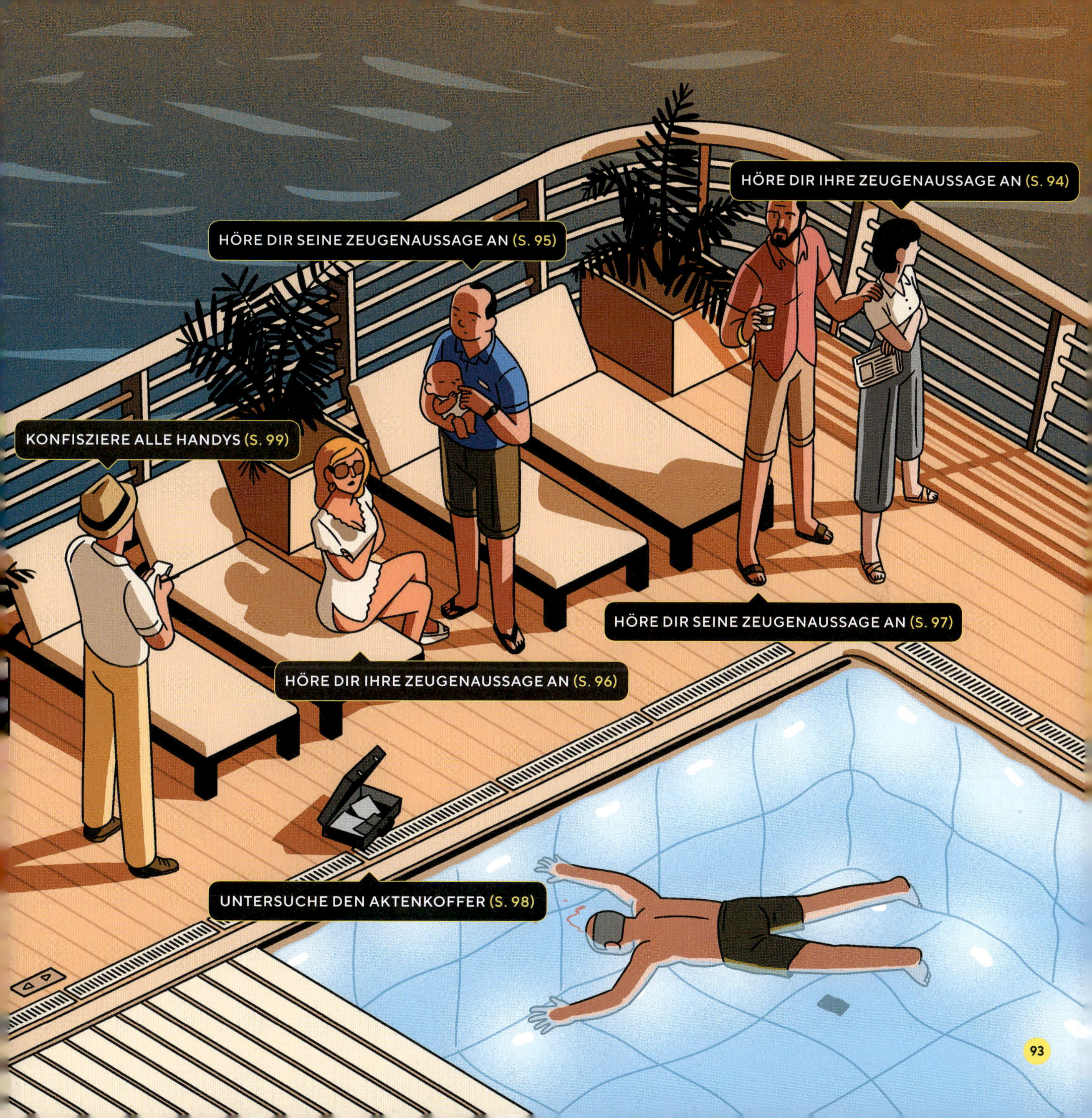
HÖRE DIR IHRE ZEUGENAUSSAGE AN (S. 94)
HÖRE DIR SEINE ZEUGENAUSSAGE AN (S. 95)
KONFISZIERE ALLE HANDYS (S. 99)
HÖRE DIR SEINE ZEUGENAUSSAGE AN (S. 97)
HÖRE DIR IHRE ZEUGENAUSSAGE AN (S. 96)
UNTERSUCHE DEN AKTENKOFFER (S. 98)

Audio-Hinweis
Leonhards Tochter ist zweifelsohne tatverdächtig. Scanne den QR-Code und stelle ihr ein paar Fragen, zum Beispiel, wo sie sich zum Tatzeitpunkt befand.

Falls du keine Internetverbindung hast, findest du auf Seite 208 eine Transkription der Zeugenaussage.

Audio-Hinweis
Irgendwie hast du bei Leonhards Sohn ein ungutes Gefühl. Scanne den QR-Code, um ihn zu befragen, und achte auf jedes Detail seiner Aussage.

*Falls du keine Internetverbindung hast, findest du auf Seite 209 eine Transkription der Zeugenaussage.

Audio-Hinweis
Die Schwiegertochter von Leonhard hat einen starken amerikanischen Akzent, spricht aber zum Glück gut genug Deutsch, um ohne fremde Hilfe eine Aussage machen zu können. Scanne den QR-Code, um sie zu befragen.

Falls du keine Internetverbindung hast, findest du auf Seite 210 eine Transkription der Zeugenaussage.

Audio-Hinweis
Vielleicht gewinnst du durch die Befragung von Leonhards Schwiegersohn neue Erkenntnisse. Scanne den QR-Code und stelle ihm deine Fragen.

Falls du keine Internetverbindung hast, findest du auf Seite 211 eine Transkription der Zeugenaussage.

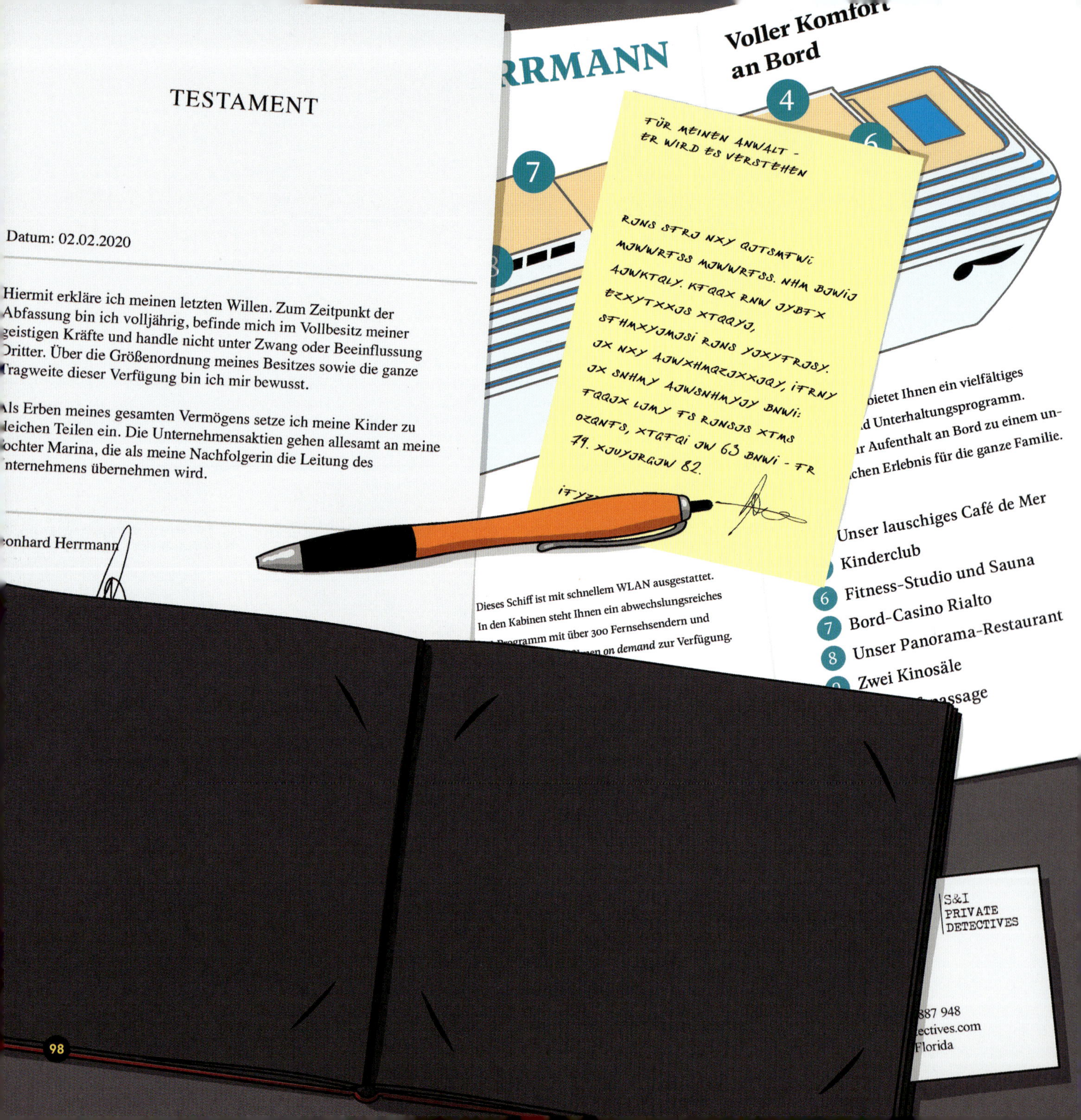
TESTAMENT
Datum: 02.02.2020
Hiermit erkläre ich meinen letzten Willen. Zum Zeitpunkt der Abfassung bin ich volljährig, befinde mich im Vollbesitz meiner geistigen Kräfte und handle nicht unter Zwang oder Beeinflussung Dritter. Über die Größenordnung meines Besitzes sowie die ganze Tragweite dieser Verfügung bin ich mir bewusst.
Als Erben meines gesamten Vermögens setze ich meine Kinder zu gleichen Teilen ein. Die Unternehmensaktien gehen allesamt an meine Tochter Marina, die als meine Nachfolgerin die Leitung des Unternehmens übernehmen wird.
Leonhard Herrmann
RRMANN
Voller Komfort an Bord
FÜR MEINEN ANWALT -
ER WIRD ES VERSTEHEN
RJNS SFRJ NXY QJTSMFWi
MJWWRFSS MJWWRFSS. NHM BJWiJ
AJWKTQLY. KFQQX RNW JYBFX
EZXYTXXJS XTQQYJ,
SFHMXYJMJSi RJNS YJXYFRJSY.
JX NXY AJWXHMQZJXXJQY, iFRNY
JX SNHMY AJWSNHMYJY BNWi:
FQQJX LJMY FS RJNSJS XTMS
OZQNFS, XTGFQi JW 63 BNWi - FR
79. XJUYJRGJW 82.
bietet Ihnen ein vielfältiges
nd Unterhaltungsprogramm.
ur Aufenthalt an Bord zu einem un-
chen Erlebnis für die ganze Familie.
Unser lauschiges Café de Mer
Kinderclub
6 Fitness-Studio und Sauna
7 Bord-Casino Rialto
8 Unser Panorama-Restaurant
Zwei Kinosäle
Dieses Schiff ist mit schnellem WLAN ausgestattet.
In den Kabinen steht Ihnen ein abwechslungsreiches
Programm mit über 300 Fernsehsendern und
on demand zur Verfügung.
S&I
PRIVATE
DETECTIVES
887 948
ectives.com
Florida

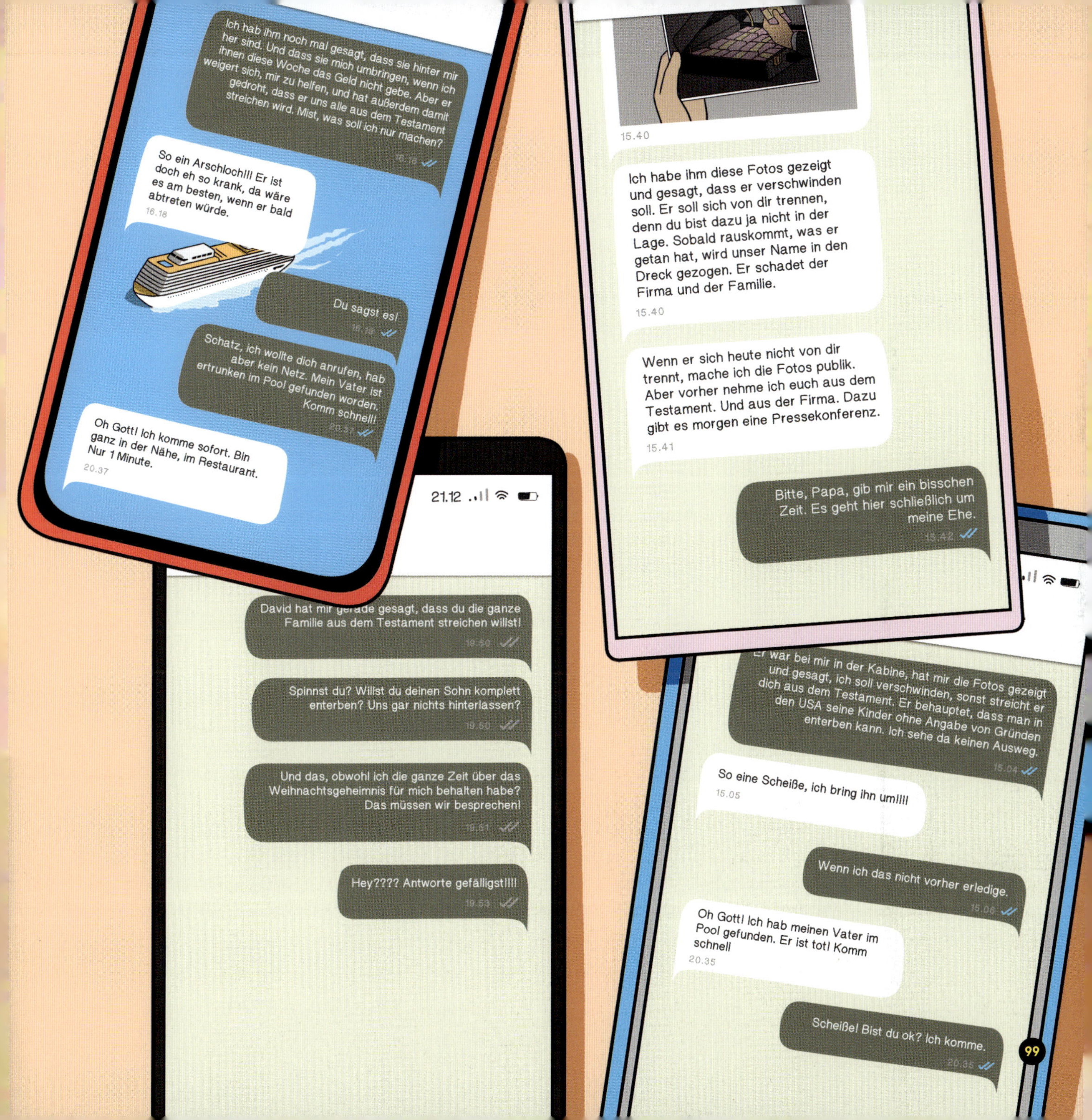

Ich hab ihm noch mal gesagt, dass sie hinter mir her sind. Und dass sie mich umbringen, wenn ich ihnen diese Woche das Geld nicht gebe. Aber er weigert sich, mir zu helfen, und hat außerdem damit gedroht, dass er uns alle aus dem Testament streichen wird. Mist, was soll ich nur machen?
16.18
So ein Arschloch!!! Er ist doch eh so krank, da wäre es am besten, wenn er bald abtreten würde.
16.18
Du sagst es!
16.19
Schatz, ich wollte dich anrufen, hab aber kein Netz. Mein Vater ist ertrunken im Pool gefunden worden. Komm schnell!
20.37
Oh Gott! Ich komme sofort. Bin ganz in der Nähe, im Restaurant. Nur 1 Minute.
20.37
15.40
Ich habe ihm diese Fotos gezeigt und gesagt, dass er verschwinden soll. Er soll sich von dir trennen, denn du bist dazu ja nicht in der Lage. Sobald rauskommt, was er getan hat, wird unser Name in den Dreck gezogen. Er schadet der Firma und der Familie.
15.40
Wenn er sich heute nicht von dir trennt, mache ich die Fotos publik. Aber vorher nehme ich euch aus dem Testament. Und aus der Firma. Dazu gibt es morgen eine Pressekonferenz.
15.41
Bitte, Papa, gib mir ein bisschen Zeit. Es geht hier schließlich um meine Ehe.
15.42
21.12
David hat mir gerade gesagt, dass du die ganze Familie aus dem Testament streichen willst!
19.50
Spinnst du? Willst du deinen Sohn komplett enterben? Uns gar nichts hinterlassen?
19.50
Und das, obwohl ich die ganze Zeit über das Weihnachtsgeheimnis für mich behalten habe? Das müssen wir besprechen!
19.51
Hey???? Antworte gefälligst!!!!
19.53
Er war bei mir in der Kabine, hat mir die Fotos gezeigt und gesagt, ich soll verschwinden, sonst streicht er dich aus dem Testament. Er behauptet, dass man in den USA seine Kinder ohne Angabe von Gründen enterben kann. Ich sehe da keinen Ausweg.
15.04
So eine Scheiße, ich bring ihn um!!!!
15.05
Wenn ich das nicht vorher erledige.
15.06
Oh Gott! Ich hab meinen Vater im Pool gefunden. Er ist tot! Komm schnell
20.35
Scheiße! Bist du ok? Ich komme.
20.35

ZUSATZHINWEISE

Eigentlich benötigst du diese Hinweise nicht, um den Fall zu lösen, aber wenn du das Gefühl hast, dass deine Ermittlungen in eine Sackgasse geraten sind, können sie dir helfen, wieder Bewegung in die Sache zu bringen. Lies aber nicht alle Hinweise auf einmal, gehe sparsam damit um. Vielleicht bringt dich ja schon einer auf die richtige Spur und zur Lösung des Rätsels. Viel Erfolg!

ZUSATZHINWEIS 1

Leonhards zweiter Vorname ist identisch mit dem Familiennamen. Das ist der entscheidende Hinweis, um den Code der verschlüsselten Nachricht zu knacken. Finde die Wortwiederholung auf dem gelben Blatt und setze dort an.

ZUSATZHINWEIS 2

Bei der Nachricht an den Anwalt wurde eine sogenannte Caesar-Verschlüsselung verwendet, die auch als Verschiebechiffre bezeichnet wird. Dabei wird jeder Buchstabe durch einen anderen ersetzt, der sich jeweils um dieselbe Anzahl von Stellen weiter vorne oder hinten im Alphabet befindet. In unserem Fall wurde jeweils um fünf Buchstaben nach hinten verschoben. So ist zum Beispiel das A im Klartext ein F, das B ein G usw. Um die Nachricht zu entschlüsseln, musst du demnach jeden Buchstaben durch den ersetzen, der sich fünf Positionen weiter vorne befindet.

ZUSATZHINWEIS 3

Der Schwiegersohn des Opfers, Andreas Winter, befand sich am anderen Ende des Schiffs, wo er die Spuren des Kielwassers am Heck betrachtete. In der Infografik des Schiffsprospekts sehen wir, dass sich in diesem Bereich ebenfalls ein Schwimmbecken befindet. Es gibt also offenbar zwei Pools an Bord: einen am Bug und einen am Heck. Eine wichtige Erkenntnis.

LÖSUNG

Gehen wir allen Hinweisen nach, um dahinterzukommen, was geschehen ist und wer den Mord begangen hat:

1 Wir befinden uns auf einem Kreuzfahrtschiff der Familie Herrmann, die eine Reederei besitzt.

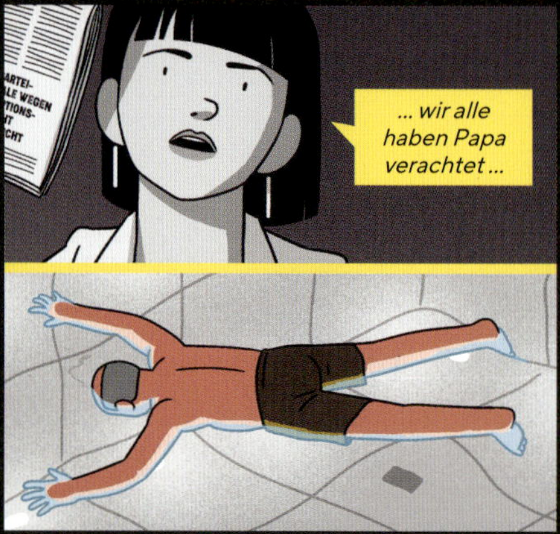

2 Beim Opfer handelt es sich um Leonhard, das Familienoberhaupt.

3 Laut Aussage seiner Tochter war er verwitwet und sehr krank. Sein gesamtes Vermögen sowie die Firma und deren Leitung wären bald an seine Erben übergegangen.

4 Wir erfahren, dass Leonhard ertrunken ist, weil ihn jemand in den Pool gestoßen und die Abdeckung über ihm geschlossen hat.

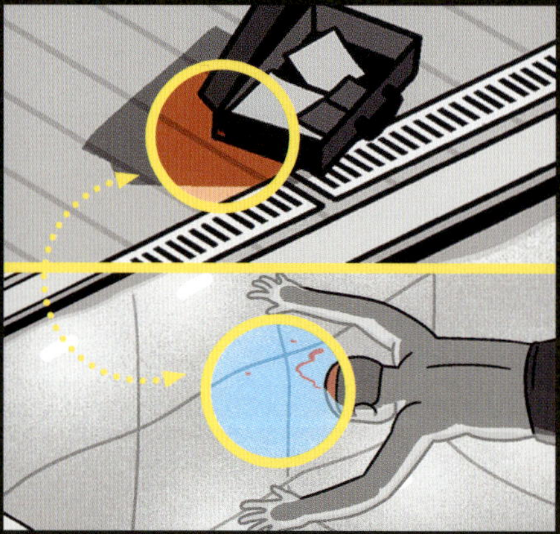

5 Allerdings muss ihm zuvor sein Aktenkoffer auf den Kopf geschlagen worden sein. Sowohl am Koffer als auch am Kopf des Opfers befindet sich Blut.

6 Wir müssen herausfinden, wem welches Handy gehört. Das rote ist das von David, dem Sohn, denn er schreibt etwas von Geldproblemen. Dies stimmt mit seiner Aussage überein.

7 Es scheint ein Chat mit seiner Frau zu sein (er nennt sie »Schatz«). Offensichtlich hat sein Vater damit gedroht, sie aus dem Testament zu streichen.

8 Der Grund dafür ist seine Spielsucht. In seiner Tasche steckt eine Eintrittskarte für das Bord-Casino und seiner Schwester zufolge verbrachte er den Tag mit »dem Üblichen«.

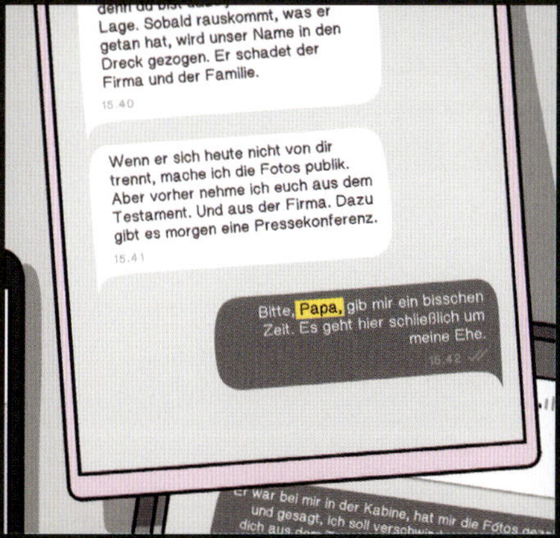

9 Das rosa Handy muss der Tochter Marina gehören. Sie nennt ihren Gesprächspartner »Papa«.

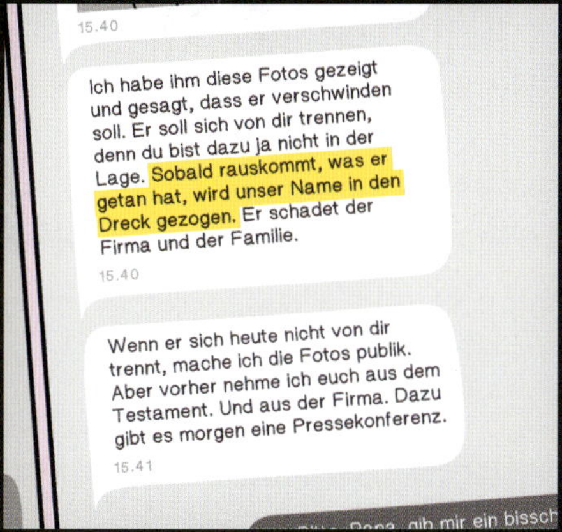

10 Marina steht mit dem Rücken zur Wand: Ihr Vater verlangt von ihr, sich von ihrem Mann zu trennen. Er ist der Ansicht, dass Andreas' Taten dem Ruf der Familie und der Firma schaden würden.

11 Im Chat zeigt Leonhard seiner Tochter die Fotos, mit denen er Andreas unter Druck gesetzt hat. Darauf sind Aktenkoffer voller Geld zu sehen.

12 Die Fotos müssen von einem Privatdetektiv stammen, den Leonhard beauftragt hat. Das leere Album deutet jedoch darauf hin, dass sie gestohlen wurden. Von seiner Tochter? Ist sie die Mörderin?

LÖSUNG

13 Also gehört dem Schwiegersohn das blaue Handy, denn dort ist zu lesen, dass ihn Leonhard mit den Fotos erpresst hat.

14 In welche zwielichtigen Geschäfte könnte er verwickelt sein? Die Zeitung berichtet von einem Korruptionsverdacht – und zwar in der RDP. Genau der Partei, der Andreas angehört.

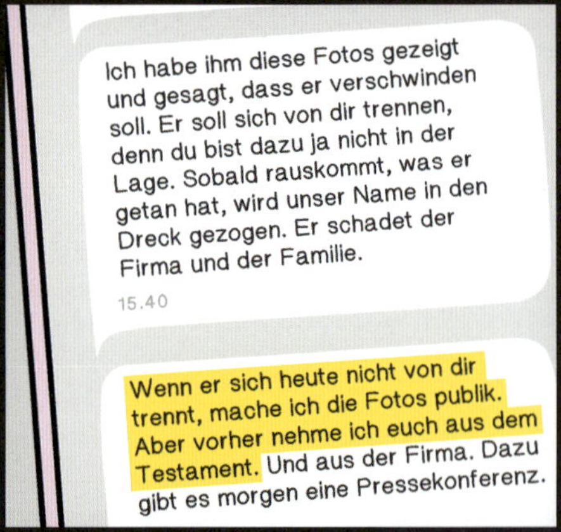

15 Leonhard will nicht, dass der Skandal auf Marina und die Firma zurückfällt. Er droht ihr: Wenn Andreas nicht geht, ändert Leonhard sein Testament und veröffentlicht die Fotos.

16 Das schwarze Handy gehört Ashley, der Schwiegertochter. Ihre Nachrichten von 19.50 Uhr wurden vom Empfänger nicht gelesen. War Leonhard zu diesem Zeitpunkt bereits tot?

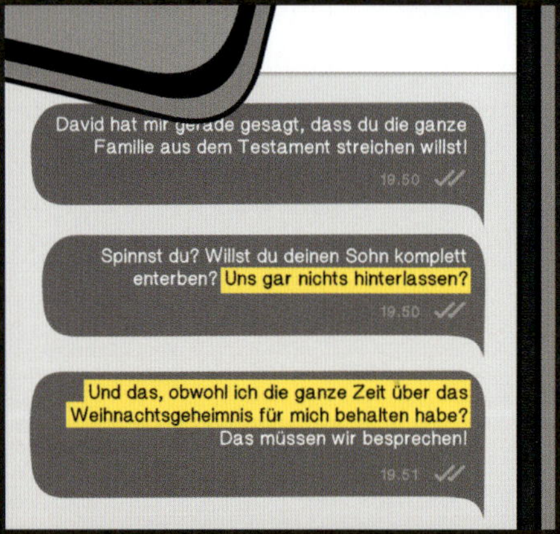

17 Sie bittet ihn, sie (»uns«) nicht zu enterben, und erwähnt ein »Weihnachtsgeheimnis«. An Weihnachten muss also etwas geschehen sein, das sie niemandem verraten hat.

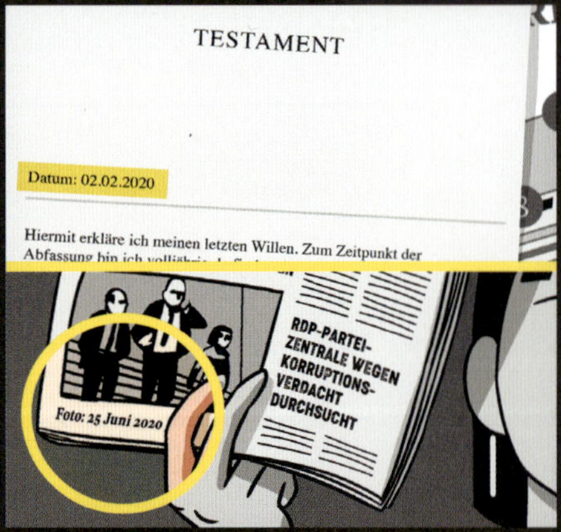

18 Im Aktenkoffer von Leonhard liegt sein Testament, aber er hat es noch nicht geändert: Das Datum darauf ist älter als das Datum auf der Zeitung.

19 Die Aussage des Sohnes hilft uns, die Nachricht zu entschlüsseln. Wir erfahren, dass Leonhard zwei gleiche Namen hatte. Somit können wir die Wortdoppelung als Name identifizieren.

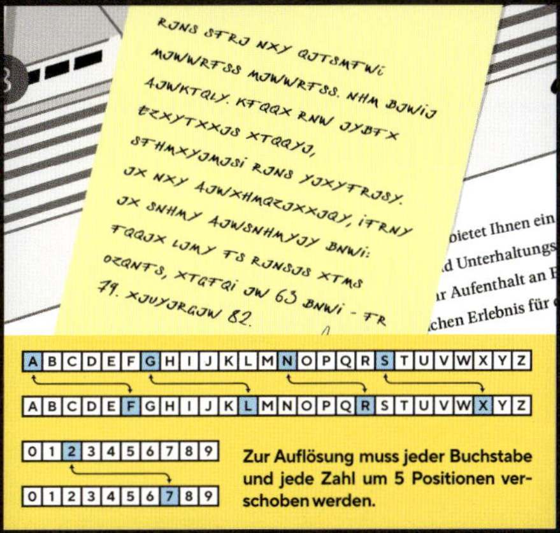

20 Wir erkennen, dass die Buchstaben jeweils durch den ersetzt wurden, der sich fünf Positionen weiter hinten im Alphabet befindet. Nach dieser Regel sind alle Buchstaben zu ersetzen.

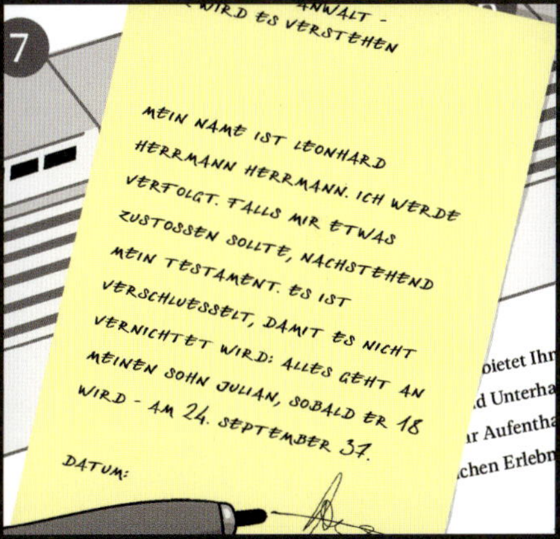

21 Nun können wir die Nachricht vollständig lesen.

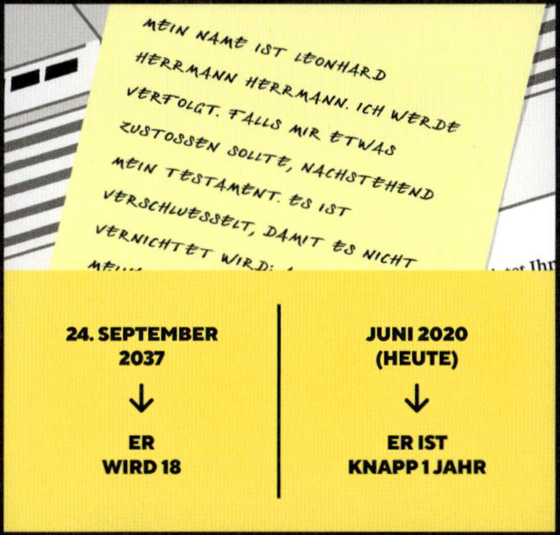

22 Wir schließen daraus, dass Julian das Baby auf Davids Arm ist. Es handelt sich allerdings nicht um dessen Sohn, sondern um den von Leonhard.

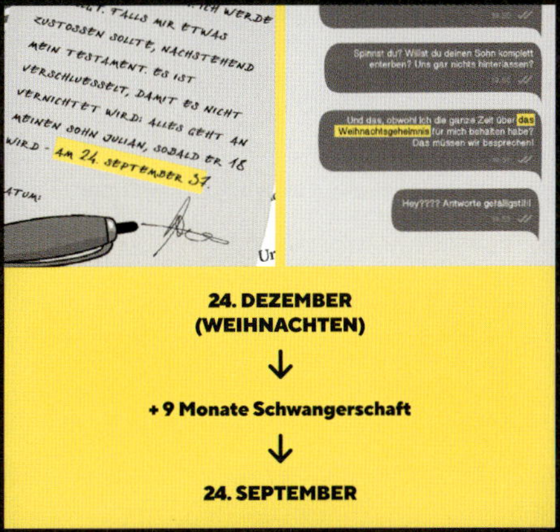

23 Das Baby wurde an Weihnachten gezeugt (24. Dezember + 9 Monate = 24. September). Das ist Ashleys »Weihnachtsgeheimnis«. Schwiegertochter und Schwiegervater haben an Weihnachten miteinander geschlafen und sie ist von ihm schwanger geworden.

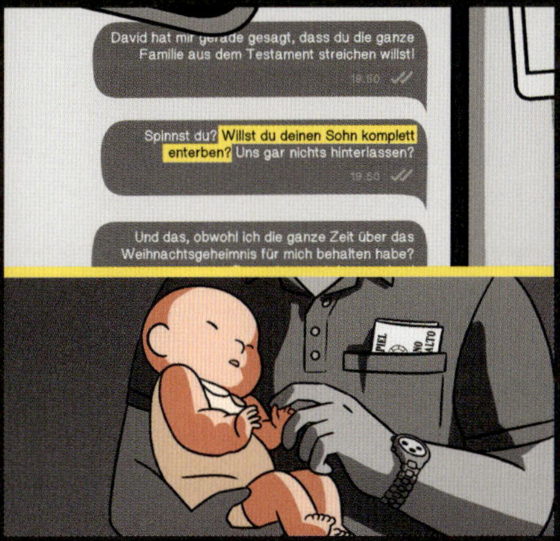

24 Ashley befürchtete, dass nun auch ihr Baby leer ausgehen könnte. Ihre Frage »Willst du deinen Sohn komplett enterben?« bezieht sich nicht auf David, sondern auf Julian.

LÖSUNG

25 Um den Mörder zu finden, müssen wir noch einmal die Zeugenaussagen durchgehen. Andreas hat angegeben, am Heck gewesen und dann durch das ganze Schiff zum Pool gelaufen zu sein.

26 Es scheint zu stimmen, dass er mit Ashley zusammengestoßen ist, als diese aus dem Restaurant kam, und ihr dabei Kaffee über die Bluse kippte. Der Fleck ist deutlich zu sehen.

27 Auf dem Schiffsprospekt ist ein Pool am Heck und am Handy einer am Bug zu sehen. Es gibt also zwei Pools. Wenn Andreas durch das ganze Schiff laufen musste, kann der Mord nur am Bug verübt worden sein.

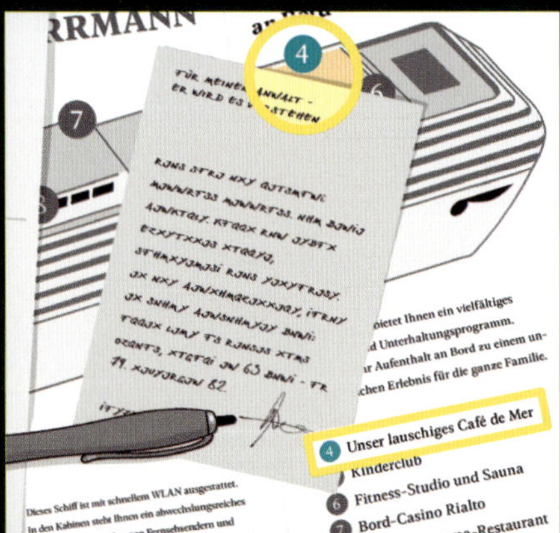

28 Der Prospekt bestätigt außerdem, dass sich das Café in unmittelbarer Nähe zum Heck befindet.

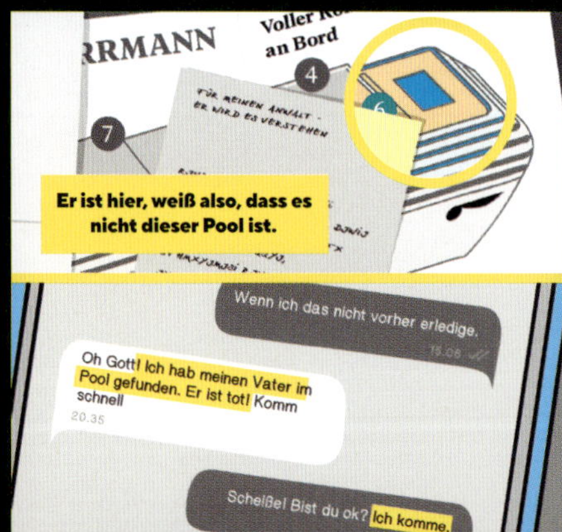

29 Als seine Frau schreibt, dass sie ihren Vater tot im Pool gefunden hat, weiß Andreas sofort, dass das am Bug passiert sein muss. Er befindet sich nämlich am Heck, und dort ist niemand zu sehen.

30 Ashley dagegen macht einen Fehler. Ihr Mann schreibt: »Mein Vater ist ertrunken im Pool gefunden worden«, und sie nimmt in ihrer Antwort vorweg, welchen der beiden Pools er meint. Woher weiß sie das?

REKONSTRUKTION DES TATHERGANGS

Reederei-Besitzer Leonhard Herrmann, der sich mit Transatlantik-Kreuzfahrten einen Namen gemacht hat, ist schwer krank. Ihm bleibt nicht mehr viel Zeit. Jeder geht davon aus, dass der Witwer seine Firma und sein gesamtes Vermögen den beiden Kindern vermachen wird. Diese haben ihn in letzter Zeit jedoch schwer enttäuscht.

Zum Firmenjubiläum unternimmt die ganze Familie eine Reise auf einem ihrer Kreuzfahrtschiffe. Unterwegs soll eine Pressekonferenz stattfinden, bei der Leonhard die Öffentlichkeit über seinen Gesundheitszustand und seine Nachfolgeregelung informieren will. Die neuen Informationen über seine Kinder führen jedoch dazu, dass er seine Entscheidung nochmals überdenkt.

Schon seit einiger Zeit hegt er den Verdacht, dass sein politisch aktiver Schwiegersohn in einen Korruptionsskandal verwickelt sein könnte. Ein von ihm beauftragter Privatdetektiv erbringt den Beweis. Kurz bevor Leonhard an Bord geht, erhält er die kompromittierenden Fotos. Ein solches Verhalten kann er in seiner Familie nicht dulden. Am Nachmittag geht er zu Andreas' Kabine und droht ihm, die Aufnahmen publik zu machen, wenn er sich nicht aus der Familie verabschiedet. Seiner eigenen Tochter droht er ebenfalls. Er will sie enterben und ihr keinesfalls die Firmenleitung übertragen, wenn sie sich nicht von ihrem Mann trennt.

Leonhards Zweitgeborener David hat ein ganz anderes Problem. Er leidet schon seit Jahren an Spielsucht und hat damit sein ganzes Geld durchgebracht. Als David Leonhard während der Kreuzfahrt erneut um Geld für irgendwelche Leute bittet, bei denen er Schulden hat, platzt Leonhard der Kragen und er beschließt, seinen Sohn ebenfalls aus dem Testament zu streichen.

Den Rest des Tages lässt er seinen Aktenkoffer nicht aus den Augen. Er will die neue Fassung des Testaments um jeden Preis schützen, denn er hat bemerkt, dass ihn jemand verfolgt. Tatsächlich handelt es sich um seinen Schwiegersohn, der auf eine Gelegenheit hofft, an die belastenden Fotos zu gelangen. Leonhard befürchtet jedoch, der Verfolger könne ihn töten und das geänderte Testament vernichten wollen. Daher verfasst er kurzerhand eine neue Version in verschlüsselter Form. Sollte diese jemandem in die Hände fallen, wäre nicht zu erkennen, dass es sich um ein Testament handelt. Insofern würde es auch nicht vernichtet werden.

Als seine Schwiegertochter Ashley davon erfährt, dass sie enterbt werden könnte, wird sie sehr wütend. Sie hütet ein großes Geheimnis: An Weihnachten vor zwei Jahren hat sie mit ihrem Schwiegervater geschlafen und ist schwanger geworden. Nun erfährt sie von David, dass Leonhard vorhat, all seine Kinder zu enterben, und weiß nicht, ob dies auch ihr Baby Julian betrifft.

Ashley schickt Leonhard daher einige Textnachrichten, aber dieser schwimmt gerade im Pool. Als sie keine Antwort erhält, macht sie sich auf die Suche nach ihm und stellt ihn zur Rede. Ihr Schwiegervater sagt ihr, dass Julian sein Erbe erhalten wird – allerdings erst, sobald er volljährig ist. Verärgert und verzweifelt über diese Nachricht schlägt sie Leonhard seinen

Aktenkoffer gegen den Kopf und stößt ihn zurück ins Becken. Anschließend drückt sie auf den Schalter der automatischen Abdeckung, sodass ihr Schwiegervater den Pool nicht mehr verlassen kann. Leonhard ertrinkt qualvoll.

Als Ashley den Koffer öffnet, um nachzusehen, ob das Testament geändert worden ist, findet sie die alte Version vor. Mit der verschlüsselten Nachricht kann sie nichts anfangen. Deshalb geht sie davon aus, dass das alte Testament noch in Kraft ist und ihr Ehemann ein Millionenerbe erhalten wird. Sie lässt alles so, wie es ist, und entfernt sich vom Tatort.

Im Restaurant wartet sie auf die Nachricht über den Tod ihres Schwiegervaters.

In der Zwischenzeit entdeckt Marina die Leiche und ergreift die günstige Gelegenheit, um die Fotos, die ihren Ehemann belasten, aus dem Koffer verschwinden zu lassen.

Dann benachrichtigt sie Andreas, der am Heck das Kielwasser betrachtet. Und sie schreibt David, der im Casino ist. Dieser wiederum gibt Ashley Bescheid, die im Restaurant wartet. An diesem Punkt macht Ashley den Fehler, nicht nachzufragen, in welchem Pool die Leiche gefunden worden ist. Es gibt auf dem Transatlantikkreuzer nämlich zwei Schwimmbecken – eines am Bug und eines am Heck.

Als das Schiff in den Hafen einläuft, wird Ashley wegen Mordverdacht festgenommen.

Fall 7

VERDÄCHTIGER SELBSTMORD IM BÜRO

WAR ES VIELLEICHT DOCH MORD?

Nach den schockierenden Vorfällen im Film *Intuition* wartet ein weiterer geheimnisvoller Fall auf Kommissar Juánez. In einer Anwaltskanzlei hat sich ein Mann eine Kugel durch den Kopf gejagt. Auf den ersten Blick sieht alles nach Selbstmord aus, aber der Tatort wirft einige Fragen auf. Die Polizei hat deshalb ihre besten Leute geschickt: Kommissar Juánez und seine Partnerin Pipa sollen sich vor Ort ein genaues Bild von der Lage machen und Licht ins Dunkel bringen.

Hilf der Polizei dabei, die Wahrheit herauszufinden. Analysiere jedes Detail am Tatort und rekonstruiere die Geschichte, um zu ermitteln, ob es sich wirklich um Selbstmord handelt oder ob ein Mörder gefasst werden muss.

Die Ermittler in diesem Fall basieren auf den Figuren des Netflix-Films *Intuition.*

INTUITION | NETFLIX

C. CORREA ZU 25 JAHREN VERURTEILT
SEIT MITTWOCH IM GEFÄNGNIS
ÖFFNE DEN TRESOR (S. 112)
SIEH DIR DIE FOTOS AN (S. 113)
Adriàn Acosta
ACOSTA TORRES MARTÍNEZ
ANWÄLTE FÜR STRAFRECHT
SCHAUE AUF DEN COMPUTER (S. 117)
HÖRE DIE FUNKNACHRICHT (S. 116)
DURCHSUCHE DAS PORTEMONNAIE (S. 115)
SCHAUE AUF DAS HANDY (S. 114)

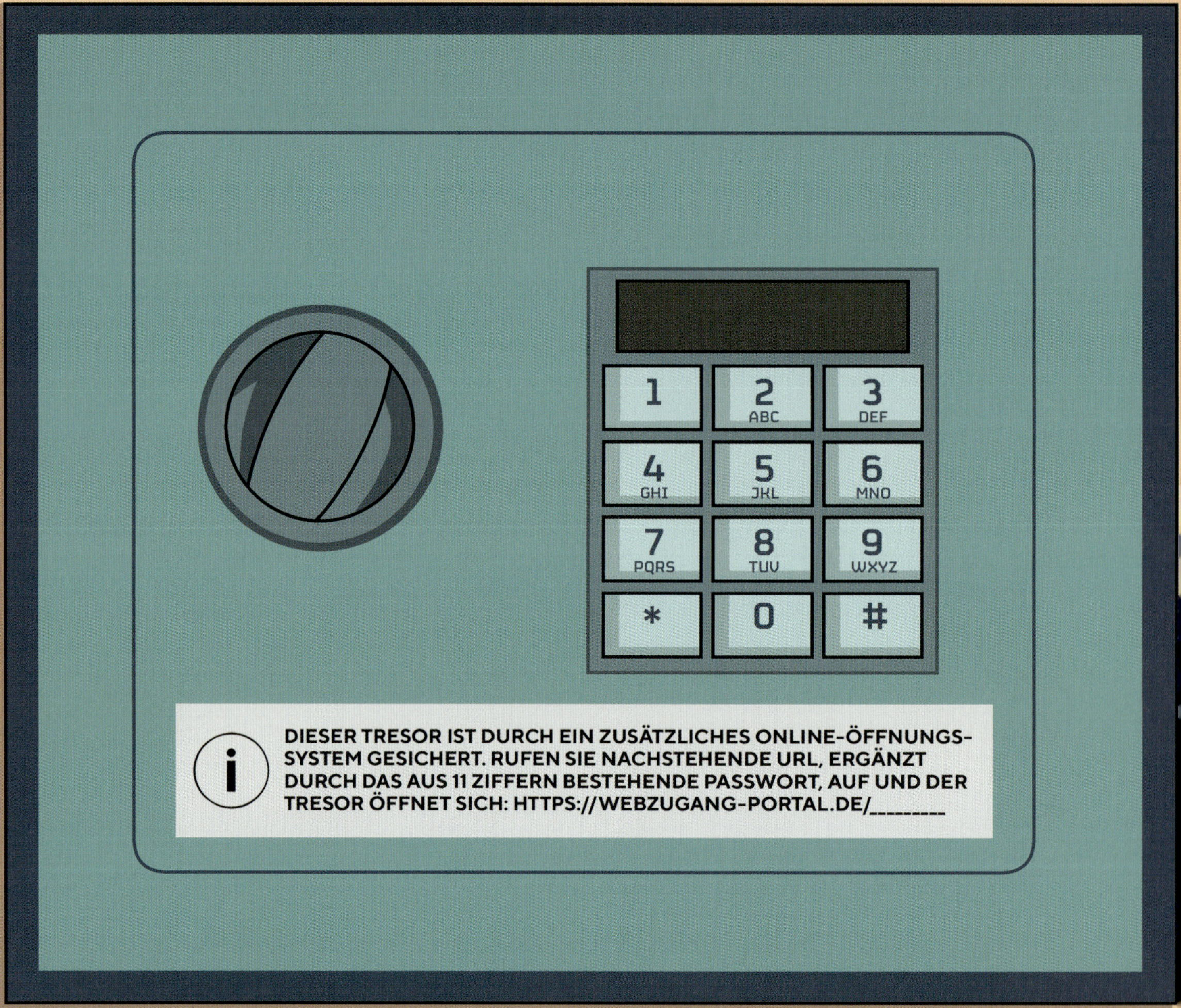
1
2 ABC
3 DEF
4 GHI
5 JKL
6 MNO
7 PQRS
8 TUV
9 WXYZ
*
0
#
i
DIESER TRESOR IST DURCH EIN ZUSÄTZLICHES ONLINE-ÖFFNUNGSSYSTEM GESICHERT. RUFEN SIE NACHSTEHENDE URL, ERGÄNZT DURCH DAS AUS 11 ZIFFERN BESTEHENDE PASSWORT, AUF UND DER TRESOR ÖFFNET SICH: HTTPS://WEBZUGANG-PORTAL.DE/________

Kanzleieinweihung

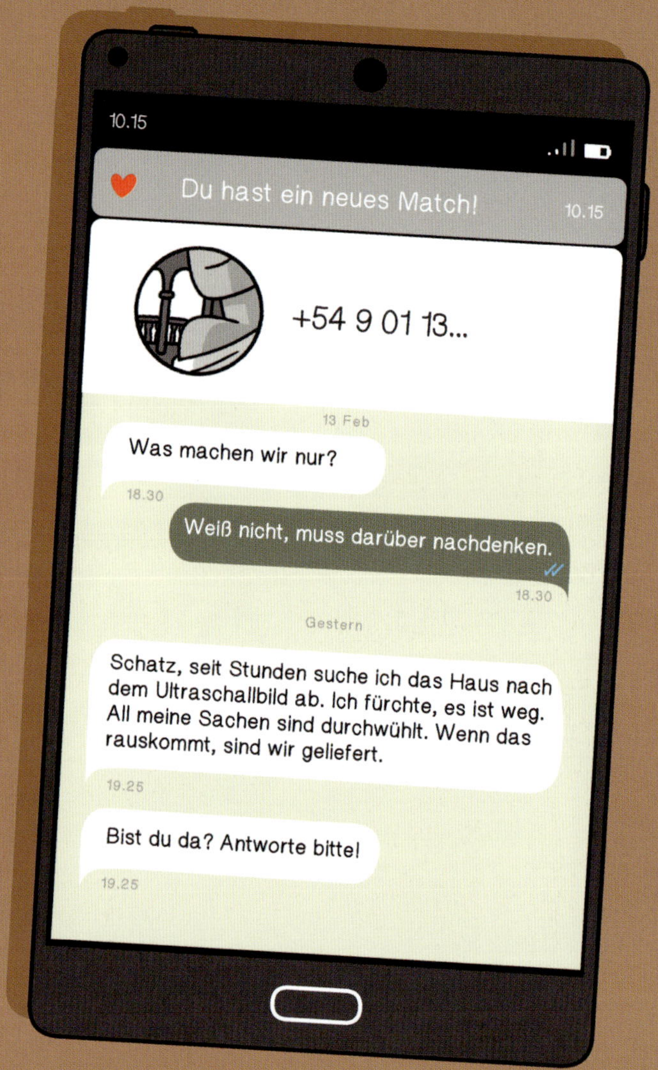

Adrian, ich bin bei diesem Fall ganz deiner Ansicht. sc
aber vor, dass wir noch eine weibliche Meinung einholen.
... zu schützen

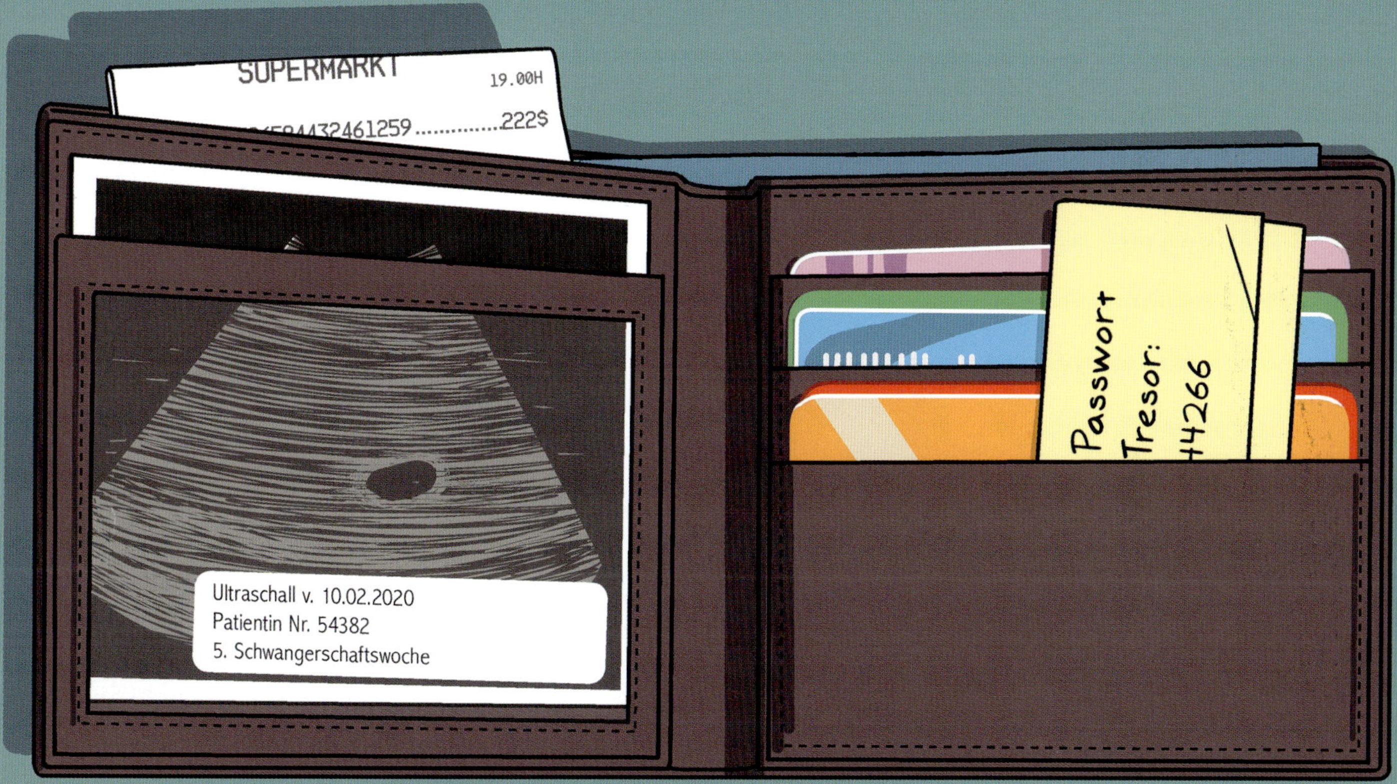
SUPERMARKT
19.00H
222$
Ultraschall v. 10.02.2020
Patientin Nr. 54382
5. Schwangerschaftswoche
Passwort
Tresor:
4266

Audio-Hinweis
Deine Kollegin Pipa teilt dir über das Funkgerät ihre Erkenntnisse mit. Scanne den QR-Code, um ihre Nachricht abzuhören.

Falls du keine Internetverbindung hast, findest du auf Seite 212 eine Transkription der Nachricht.

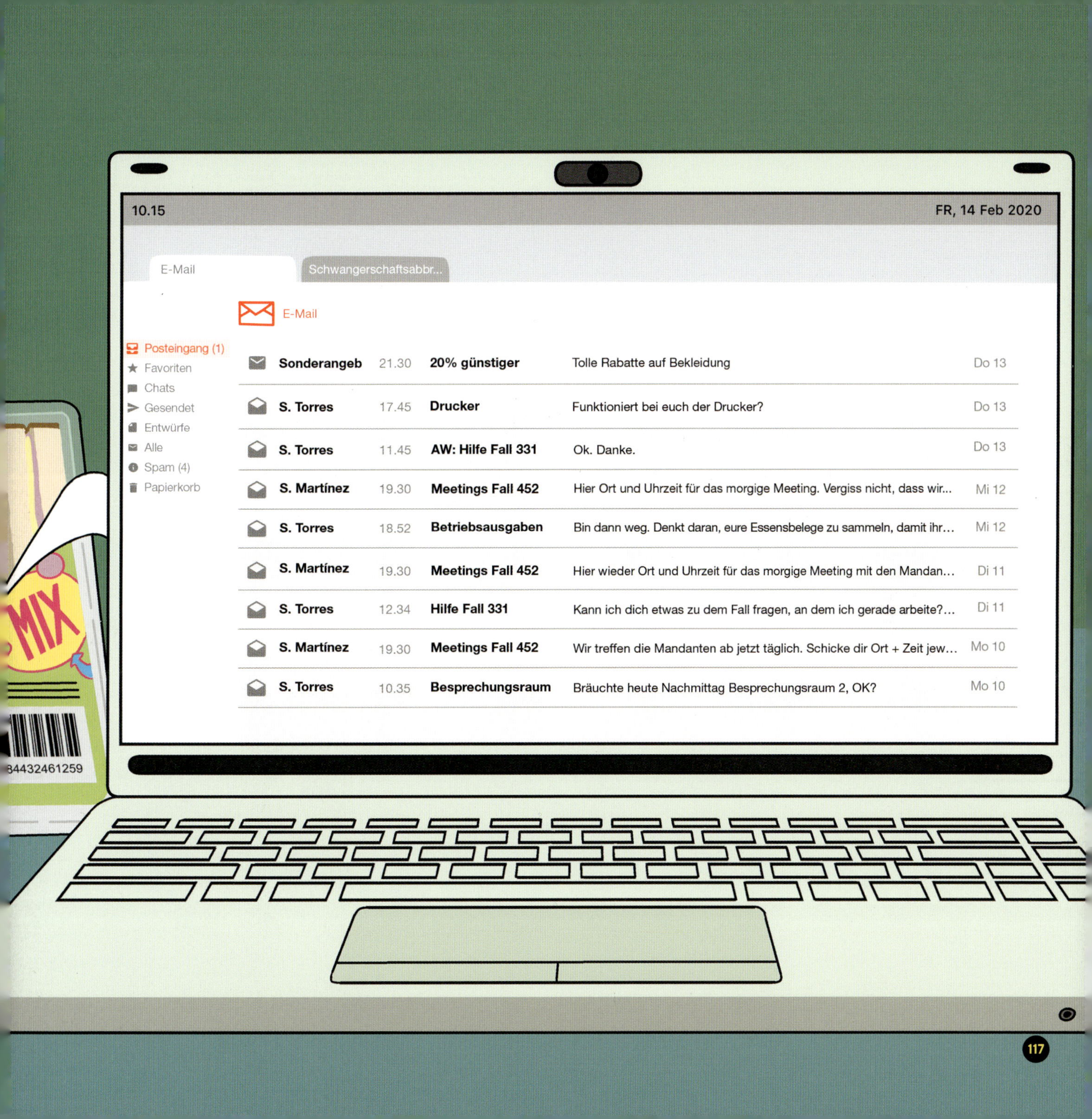
10.15
FR, 14 Feb 2020
E-Mail
Schwangerschaftsabbr...
E-Mail
Posteingang (1)
Favoriten
Chats
Gesendet
Entwürfe
Alle
Spam (4)
Papierkorb
Sonderangeb 21.30 20% günstiger Tolle Rabatte auf Bekleidung Do 13
S. Torres 17.45 Drucker Funktioniert bei euch der Drucker? Do 13
S. Torres 11.45 AW: Hilfe Fall 331 Ok. Danke. Do 13
S. Martínez 19.30 Meetings Fall 452 Hier Ort und Uhrzeit für das morgige Meeting. Vergiss nicht, dass wir... Mi 12
S. Torres 18.52 Betriebsausgaben Bin dann weg. Denkt daran, eure Essensbelege zu sammeln, damit ihr... Mi 12
S. Martínez 19.30 Meetings Fall 452 Hier wieder Ort und Uhrzeit für das morgige Meeting mit den Mandan... Di 11
S. Torres 12.34 Hilfe Fall 331 Kann ich dich etwas zu dem Fall fragen, an dem ich gerade arbeite?... Di 11
S. Martínez 19.30 Meetings Fall 452 Wir treffen die Mandanten ab jetzt täglich. Schicke dir Ort + Zeit jew... Mo 10
S. Torres 10.35 Besprechungsraum Bräuchte heute Nachmittag Besprechungsraum 2, OK? Mo 10
MIX

ZUSATZHINWEISE

Eigentlich benötigst du diese Hinweise nicht, um den Fall zu lösen, aber wenn du das Gefühl hast, dass deine Ermittlungen in eine Sackgasse geraten sind, können sie dir helfen, wieder Bewegung in die Sache zu bringen. Lies aber nicht alle Hinweise auf einmal, gehe sparsam damit um. Vielleicht bringt dich ja schon einer auf die richtige Spur und zur Lösung des Rätsels. Viel Erfolg!

ZUSATZHINWEIS 1

Auf das Internet-Passwort für den Tresor kommst du, wenn du den Vornamen des Opfers über den Ziffernblock eintippst. Dazu musst du zum Beispiel für das »R« dreimal die 7 drücken.

ZUSATZHINWEIS 2

Wenn du herausfindest, wann das Bild von der Kanzleieinweihung aufgenommen wurde, kannst du auf das aktuelle Alter einer der auf den Fotos abgebildeten Personen schließen.

ZUSATZHINWEIS 3

Der entscheidende Fehler ist dem Mörder oder der Mörderin bei den E-Mails unterlaufen. Überprüfe deshalb Inhalt und Uhrzeit aller empfangenen Nachrichten, um ihn oder sie zu überführen.

LÖSUNG

Wenn wir jedes Detail am Tatort genau untersuchen, finden wir heraus, wie sich die Ereignisse zugetragen haben:

1 Wir befinden uns im Büro von Adrián Acosta, der gemeinsam mit zwei Partnern eine Anwaltskanzlei für Strafrecht betreibt.

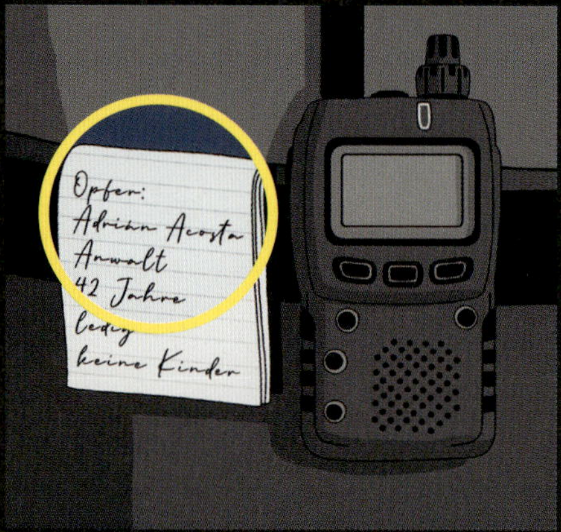

2 Wie wir den Notizen von Kommissar Juánez entnehmen können, handelt es sich bei dem Opfer um Adrián selbst.

3 Es könnte sich um Selbstmord handeln, denn es sieht so aus, als wäre ihm die Pistole nach dem Schuss aus der Hand gefallen.

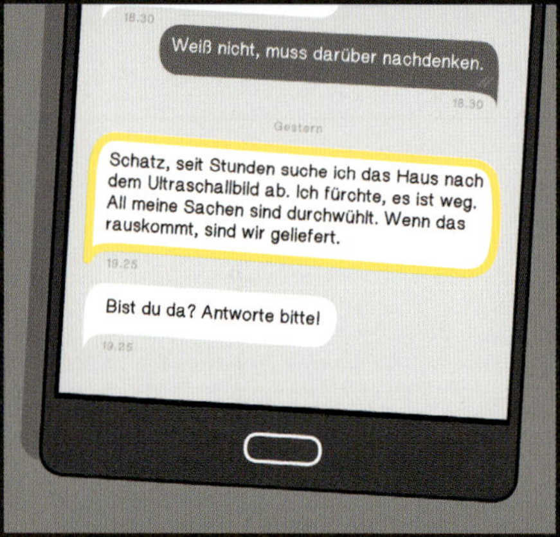

4 Adriáns Geliebte ist schwanger. Sie befürchtet, jemand könnte ihr Ultraschallbild gefunden haben und dahintergekommen sein. Damit hätten wir ein potenzielles Selbstmordmotiv.

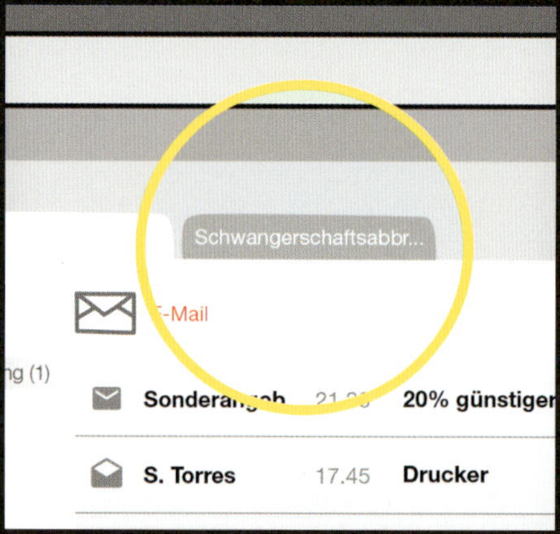

5 Am Computer ist ein Tab im Browser geöffnet, wo Adrián Optionen für einen Schwangerschaftsabbruch recherchiert hat.

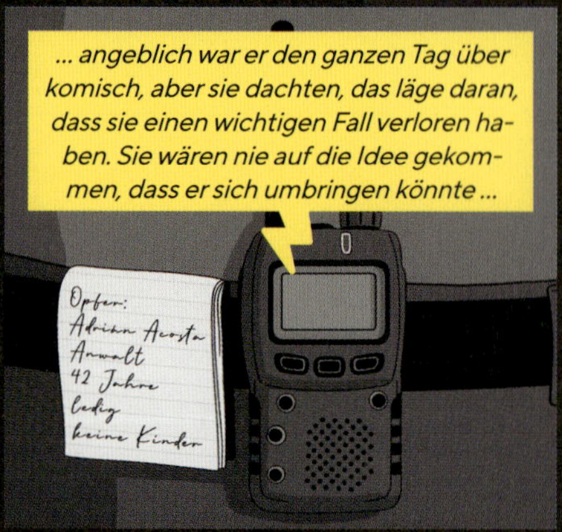

6 Ein weiteres Motiv für den Selbstmord könnte laut Pipas Funknachricht sein, dass die Kanzlei einen wichtigen Fall verloren hat.

7 Im Tresor gibt es weitere Hinweise. Um ihn zu öffnen, benötigen wir ein Passwort. Den hinteren Teil finden wir im Geldbeutel.

8 Das Passwort hat genauso viele Stellen, wie Zahleneingaben nötig sind, um »ADRIAN«, den Vornamen des Opfers, zu schreiben.

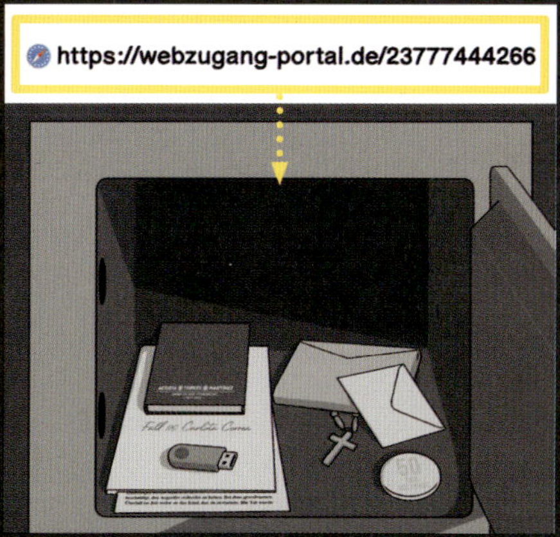

9 Wenn wir die um das Passwort ergänzte URL aufrufen, können wir den Inhalt des Tresors sehen.

10 Der verlorene Fall ist der von Carlota Correa. Sie hat den Angreifer, der für den Tod ihres ungeborenen Babys verantwortlich war, ermordet. Hat Adrián sie geliebt? War er der Vater des Babys?

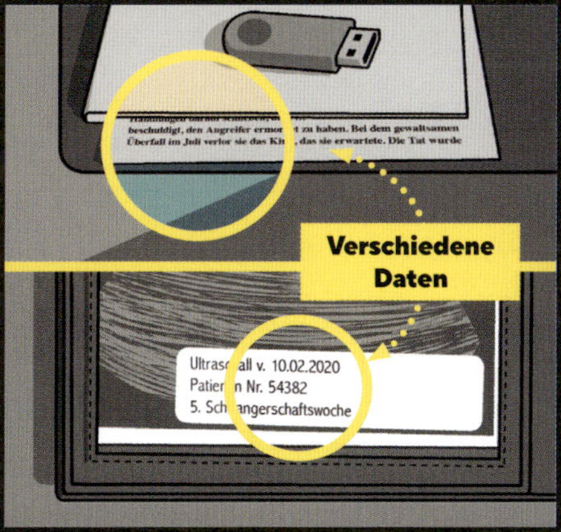

11 Nach den Datumsangaben kann das Ultraschallbild nicht von Carlotas verlorenem Baby stammen. Wir können aber eine Affäre nicht endgültig ausschließen; eventuell wurde sie später erneut schwanger.

12 Adrián war Alkoholiker. Der Whiskey auf dem Schreibtisch könnte auf einen Rückfall hindeuten, aufgrund dessen er die Kontrolle verloren und Selbstmord begangen hat.

LÖSUNG

13 Allerdings befindet sich im Glas genauso viel Whiskey, wie in der Flasche fehlt. Adrián hat also gar nichts getrunken. Der Alkohol wurde offenbar nachträglich dort platziert.

14 Zudem ist es unwahrscheinlich, dass sich jemand das Leben nimmt, nachdem er gerade ein Sandwich angebrochen hat.

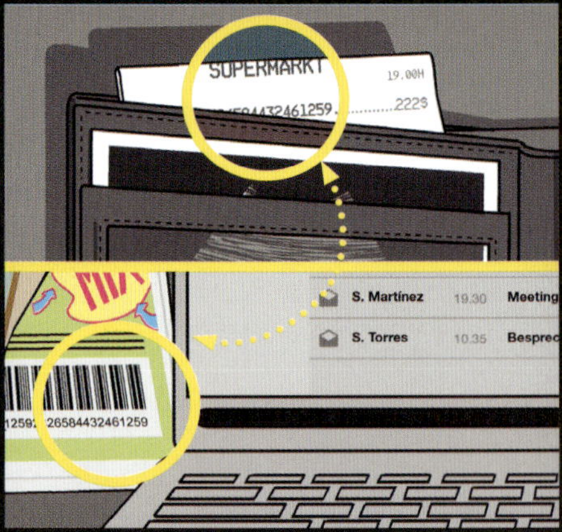

15 Wir finden den Kassenbon für das Sandwich im Geldbeutel – der Nummerncode stimmt überein.

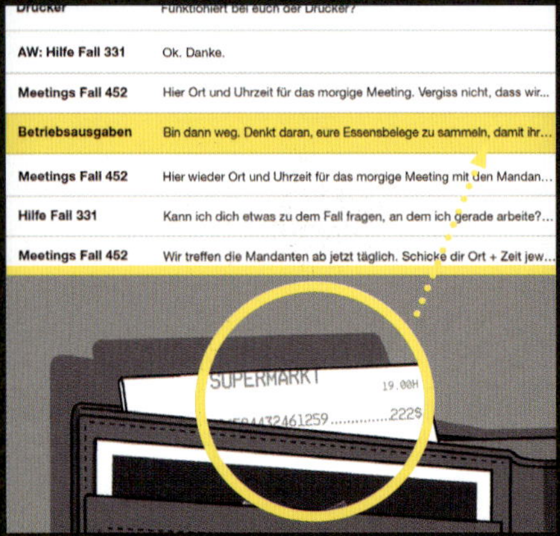

16 Er hat ihn aufbewahrt, um den Betrag als Betriebsausgabe abzusetzen. Hätte er Selbstmord begehen wollen, wäre ihm das egal gewesen. Es wird immer klarer, dass wir es mit einem Mord zu tun haben.

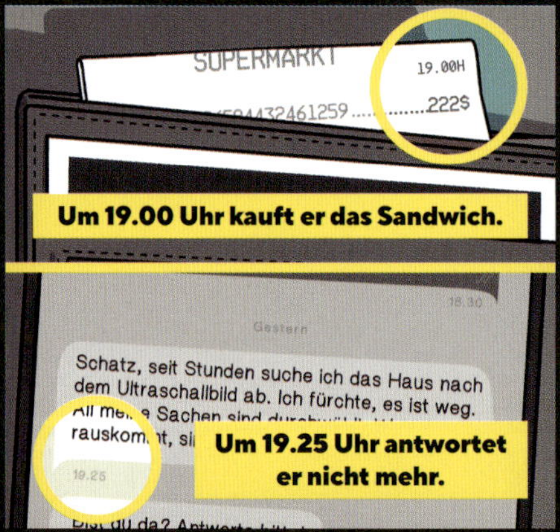

17 Er muss kurz nach 19.00 Uhr (Kaufzeit des Sandwichs), aber definitiv vor 19.25 Uhr gestorben sein, da er nicht mehr auf die Chatnachrichten reagiert hat.

18 Wer hat ihn getötet? Den Fensterputzer können wir ausschließen: Er hätte beim Einstieg durch das Fenster den Kaktus umgestoßen.

19 Wir müssen unbedingt herausfinden, wer Adriáns Geliebte war. Carlota kann es nicht sein, denn sie ist im Gefängnis und hätte keine Handy-Nachrichten verschicken können.

20 Auch Anwältin Sofía kann es nicht gewesen sein. Die Geliebte schreibt, sie würde seit Stunden zu Hause das Ultraschallbild suchen, aber Sofía war den ganzen Tag im Büro.

21 Dem Firmenlogo können wir entnehmen, dass die Kanzlei seit 2012 besteht.

22 Die Geburtstagsfeier war am selben Tag – sie tragen dieselbe Kleidung und Sofía hat denselben Fleck auf der Bluse.

23 Das Geburtstagskind kann nicht Adriáns Tochter sein, denn Juánez hat notiert, dass er keine Kinder hat.

24 Wenn das Mädchen 2012 acht wurde, ist sie inzwischen 16 und damit in einem Alter, in dem eine Schwangerschaft möglich ist.

LÖSUNG

25 Einen weiteren Hinweis liefert das Profilbild, auf dem dasselbe Fenster zu sehen ist wie auf dem Foto von der Geburtstagsfeier.

26 Auch die Halskette mit dem Kreuz stimmt mit der überein, die das Mädchen auf dem Foto trägt. Sie muss Adrián die Kette als Zeichen ihrer Liebe geschenkt haben.

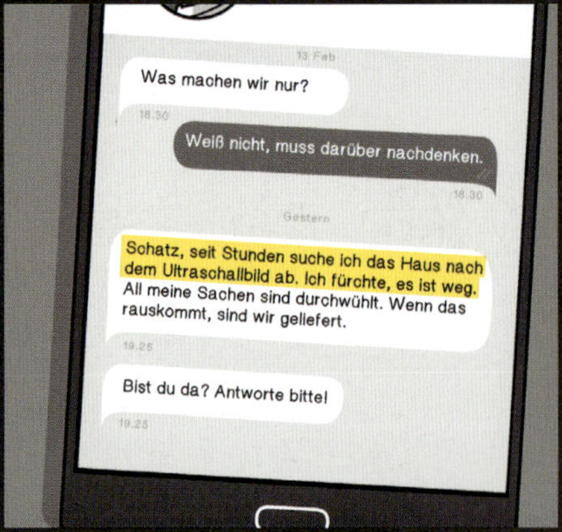

27 Das Ultraschallbild wurde zu Hause vermutlich vom Vater oder der Mutter (Santiago oder Sofía) gefunden. Dadurch hat der oder die Betreffende von der Affäre erfahren und Adrián deshalb ermordet.

28 Damit haben wir das Motiv, wissen aber noch nicht, wer der Mörder oder die Mörderin ist. Ist das Mädchen Santiagos oder Sofías Tochter?

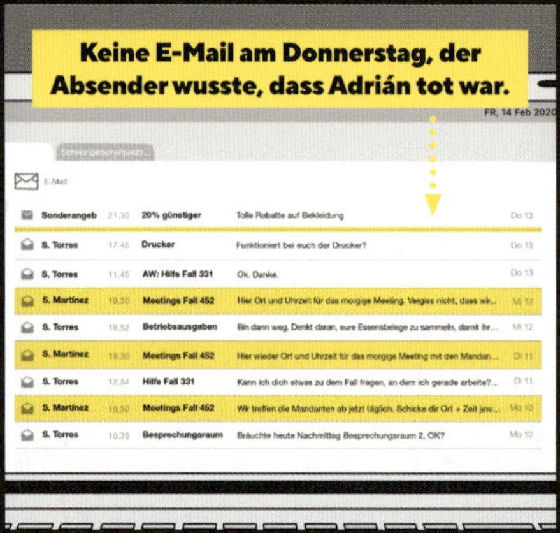

29 Wir sehen im Postfach, dass S. Martínez Adrián jeden Abend um 19.30 Uhr über das Meeting am nächsten Tag informiert hat. Am Donnerstag nach dem Mord gab es keine E-Mail, denn der Mörder wusste, dass Adrián bereits tot war. Dadurch hat er oder sie sich selbst verraten.

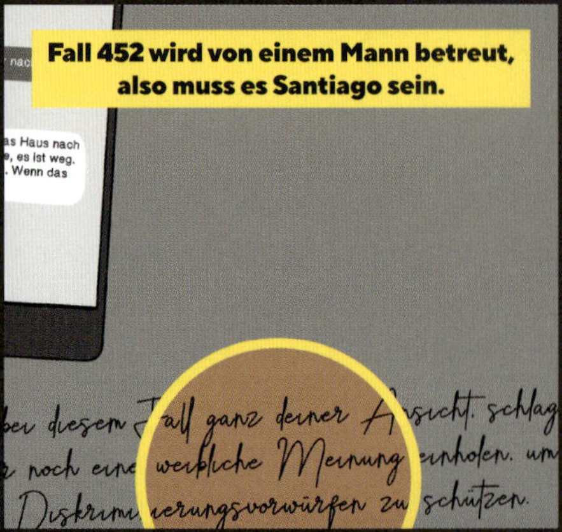

30 Aber wer ist S. Martínez? Santiago oder Sofía? Die Akte unter dem Handy gehört zu Fall 452, und darin wird vorgeschlagen, noch eine weibliche Meinung einzuholen. S. Martínez muss daher männlich sein. Damit ist Santiago der Vater des Mädchens und Adriáns Mörder.

VERDÄCHTIGER SELBSTMORD IM BÜRO

VERDÄCHTIGER SELBSTMORD IM BÜRO

REKONSTRUKTION DES TATHERGANGS

Die Anwälte Sofía, Santiago und Adrián sind seit Jahren eng miteinander befreundet. 2012 haben sie gemeinsam eine Kanzlei für Strafrecht eröffnet. Die drei stehen sich sehr nahe und laden sich gegenseitig zu Familienfeiern und ähnlichen Anlässen ein.

Santiago hat eine Tochter, die seine beiden Partner von klein auf kennen. Als aus dem Mädchen eine junge Frau wird, fühlt Adrián sich zunehmend zu ihr hingezogen. Schließlich kommt es zu einer sexuellen Beziehung zwischen ihnen. Das Mädchen blickt zu ihm auf, empfindet tiefe Gefühle für ihn und schenkt ihm als Liebesbeweis sogar ihre Halskette mit dem Kreuzanhänger. Umgekehrt ist sie für ihn dagegen nur eine von vielen und er nutzt das Mädchen bloß aus, um mit ihr seinen Spaß zu haben. Aber eines Tages wird sie von ihm schwanger.

Santiago findet das Ultraschallbild im Zimmer seiner Tochter und durchsucht aufgebracht ihre Sachen. Zu seinem Entsetzen muss er feststellen, dass es sich bei dem Vater des Kindes um seinen Partner und besten Freund Adrián handelt. Voller Zorn nimmt er das Ultraschallbild an sich und fährt ins Büro. Er wartet, bis Sofía weg ist, und geht dann ins Büro seines Freundes, um diesen zur Rede zu stellen. Es ist 19.05 Uhr. Adrián sitzt am Computer und will gerade ein Sandwich essen. Santiago wirft ihm vor, seine Tochter sexuell ausgenutzt und ihr Leben zerstört zu haben. Rasend vor Wut jagt er ihm schließlich eine Kugel in den Kopf.

Dann beschließt Santiago, einen Selbstmord zu inszenieren. Er weiß, dass sein Partner allen Grund zur Verzweiflung hat, weil er in einem wichtigen Fall gerade eine Niederlage einstecken musste. Außerdem legt er ihm das Ultraschallbild ins Portemonnaie, damit alle erfahren, dass Adrián Santiagos Tochter geschwängert hat. Jeder soll denken, er hätte sich aus Schuldgefühlen das Leben genommen.

Adrián war trockener Alkoholiker. Um den Selbstmord noch glaubwürdiger zu machen, stellt Santiago eine Flasche Whiskey auf den Schreibtisch. Er denkt allerdings nicht daran, einen Teil davon wegzuschütten, damit der Rückfall realistisch aussieht. Außerdem vergisst er, Adrián die E-Mail zu schicken, mit der er ihn jeden Abend um 19.30 Uhr über das am Folgetag stattfindende Meeting zu Fall 452 informiert.

Als er am Morgen Kommissarin Pipas Anruf erhält, täuscht er Überraschung und Trauer vor. Nach Abschluss der Untersuchungen ist die Sachlage jedoch eindeutig. Santiago wird festgenommen.

SEIT MITTWOCH IM GEFÄNGNIS
drián Acosta
TORRES MARTÍNEZ
ANWÄLTE FÜR STRAFRECHT

Fall 8

DIE LEICHE AUS DER GEFRIERTRUHE

KNACKST DU DIESEN FALL?

Schon seit mehreren Tagen arbeiten die Hauptfiguren des Netflix-Films *Geheime Anfänge* am Fall von Novaro, einem Serienmörder, der mithilfe seiner Opfer die Entstehungsgeschichten berühmter Superhelden wie Hulk oder Iron Man nachstellt. Heute wurden sie zu einem Privathaus gerufen, in dessen Keller eine eingefrorene Leiche entdeckt worden ist. Handelt es sich dabei möglicherweise um ein weiteres Opfer von Novaro? Ahmt er auch mit diesem Verbrechen den ersten Auftritt eines Superhelden nach?

Untersuche den Tatort und rekonstruiere den Tathergang, denn nur so wirst du herausfinden, ob es sich um ein neues Opfer von Novaro handelt oder ob wir es mit einem anderen Mörder zu tun haben. Wer war es?

Die Ermittler in diesem Fall basieren auf den Figuren des Netflix-Films *Geheime Anfänge*.

Geheime Anfänge | NETFLIX

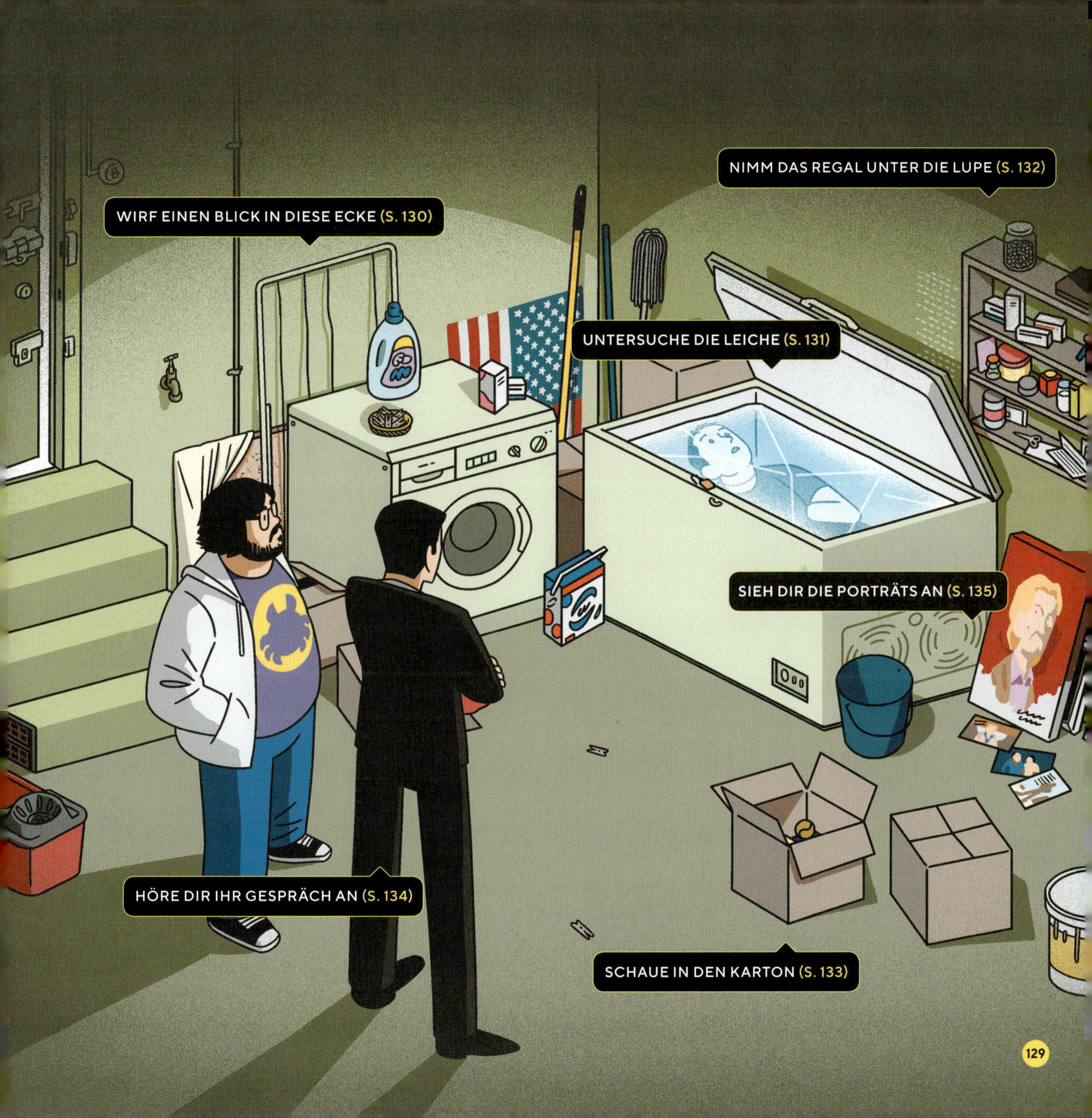
WIRF EINEN BLICK IN DIESE ECKE (S. 130)
NIMM DAS REGAL UNTER DIE LUPE (S. 132)
UNTERSUCHE DIE LEICHE (S. 131)
SIEH DIR DIE PORTRÄTS AN (S. 135)
HÖRE DIR IHR GESPRÄCH AN (S. 134)
SCHAUE IN DEN KARTON (S. 133)

HUSTENSAFT
TIN
20 MG

DEPARTMENT OF VETERANS AFFAIRS
349

MEMAN
VITAMIN KOMPLEX
FORTE
IBUPROFEN
ENTZÜNDUNGSHEMMENDE SALBE
ASPIRIN
KONTOAUSZUG JUNI 2019
RESTAURANT.................-11,90 €
DVAUSA (JUN)...............+1800$
APOTHEKE...................-144€
TELEFONRECHNUNG............-47,90€
SUPERMARKT.................-21,55€
CAFÉ LULU..................-4,30€
DVAUSA (MAI)...............+1800$

Meine lieben Kinder, alles Gute zum 18. Geburtstag! Ich weiß,
dass ich all die Jahre nicht für Euch da war, aber dafür gibt
es einen guten Grund. Ich hoffe, dass Ihr mir eines Tages verzeihen
könnt. Wie Euch Eure Mutter sicher erzählt hat, musste ich nach
Eurer Geburt das Land verlassen. Dass ich Euch nie besuchen
kam, lag einzig und allein daran, dass ich Euch um jeden Preis
schützen wollte. Ich weiß, ich werde das niemals wiedergutmachen
können. Ihr könnt mir glauben, dass kein einziger Tag vergangen ist, an
dem ich nicht an Euch gedacht habe. Eure Mutter hat mir gesagt,
dass Ihr oft nach mir gefragt habt. Leider können wir uns immer noch
nicht persönlich treffen, aber anbei ein paar Geschenke und ein Foto
von mir. Mir ist klar, dass Eure Mutter Euch finanziell nicht viel
bieten konnte, aber ich bin mir sicher, dass sie Euch von ganzen
Herzen liebt und alles dafür getan hat, dass es Euch gut geht.
Es küsst Euch Euer Papa
Drei US-Soldaten im Irak bei Bombenanschlag auf Lkw getötet. Zwei weitere Insassen des Fahrzeugs schwer verletzt.
Die beiden überlebenden Soldaten haben Gliedmaßen verloren. Sie werden psychologisch betreut, um das Attentat zu verarbeiten und eine posttraumatische Belastungsstörung zu verhindern.

Audio-Hinweis
Kommissar Valentín und Jorge Elías tauschen sich über ihren ersten Eindruck vom Tatort aus. Scanne den QR-Code, um ihr Gespräch zu hören.

Falls du keine Internetverbindung hast, findest du auf Seite 213 eine Transkription des Gesprächs.

Alma Diaz Quiles
Selbstporträt, 2018
♡ LIEBLINGSSCHWESTERN ♡
Mit den Zwillingen
Alex + Robin
1991
Präsident George H. W. Bush hat unseren baldigen Rückzug angekündigt. Wir sehen uns bestimmt demnächst wieder.
Alles Liebe!

ZUSATZHINWEISE

Eigentlich benötigst du diese Hinweise nicht, um den Fall zu lösen, aber wenn du das Gefühl hast, dass deine Ermittlungen in eine Sackgasse geraten sind, können sie dir helfen, wieder Bewegung in die Sache zu bringen. Lies aber nicht alle Hinweise auf einmal, gehe sparsam damit um. Vielleicht bringt dich ja schon einer auf die richtige Spur und zur Lösung des Rätsels. Viel Erfolg!

ZUSATZHINWEIS 1

Die Reißzwecken auf der Pinnwand sind so angeordnet, dass sie eine Nachricht in Blindenschrift ergeben. Manche davon sind bereits abgefallen, weil die Pinnwand schon älter ist. Beim Entziffern der Nachricht solltest du deshalb auch die Löcher der abgefallenen Reißzwecken berücksichtigen.

ZUSATZHINWEIS 2

Im Text auf dem Soldatenfoto ist von George H. W. Bush die Rede. Bedenke, dass es zwei US-Präsidenten mit dem Namen George Bush gab. Zu welchem der beiden gehören die Initialen H. W.? Diese Information ist sehr wichtig.

ZUSATZHINWEIS 3

Die Medikamente im Regal können dich auf eine wichtige Spur bringen. Finde mithilfe einer Suchmaschine heraus, bei welchen Krankheiten sie verordnet werden.

LÖSUNG

Gehen wir alle Einzelheiten am Tatort durch, um das Verbrechen zu rekonstruieren und dem Geheimnis auf die Spur zu kommen:

1 Alma dachte, dass der Tote ihr Sohn sei, aber wir wissen, dass der am Leben ist. Wer also ist der Mann in der Gefriertruhe?

2 Die Bilder und Fotos zeigen die Hausbesitzerin in verschiedenen Lebensabschnitten. Das Muttermal auf ihrer Wange identifiziert sie eindeutig.

3 1991 hat sie Zwillinge zur Welt gebracht. Ihre Namen sind geschlechtsneutral (Alex und Robin), aber auf dem Foto, das die beiden als Erwachsene zeigt, sind ein Mann und eine Frau zu sehen.

4 Das Soldatenfoto legt nahe, dass der Sohn im Krieg war. Der im Text erwähnte George H. W. Bush ist jedoch der Vater des späteren George W. Bush. Es muss sich daher um ein Foto aus dem Golfkrieg handeln, der 1990–1991 stattfand.

5 Der Soldat kann nicht Almas Sohn sein, denn 1991 war dieser noch ein Baby. Es muss sich um den Vater handeln, der große Ähnlichkeit mit ihm hat.

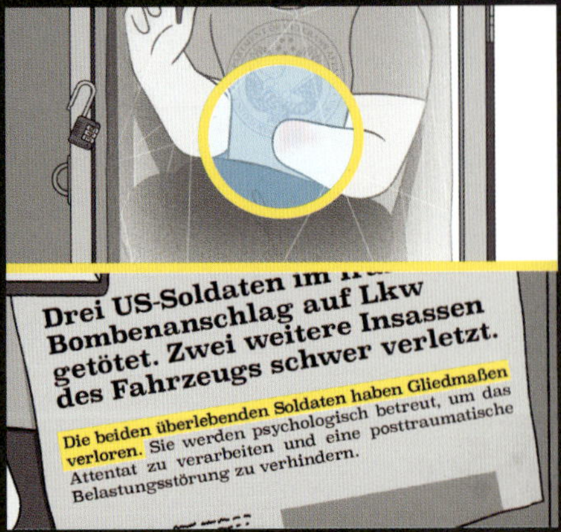

6 Besagter Soldat, von dem wir nun wissen, dass er Almas Mann ist, verlor eine seiner Gliedmaßen im Krieg. Der Leiche in der Gefriertruhe fehlt eine Hand.

7 Er muss schon viele Jahre in der Gefriertruhe liegen, da er noch jung wirkt. Deshalb hat Alma ihn mit ihrem Sohn verwechselt.

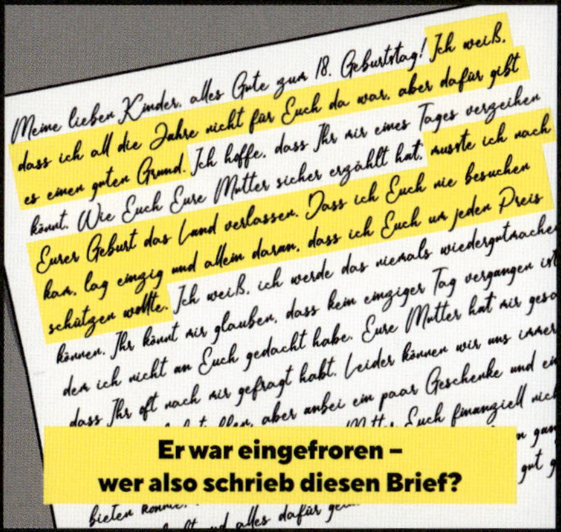

8 Der Brief muss demnach eine Fälschung sein, denn der vermeintliche Absender lag am 18. Geburtstag seiner Kinder bereits tot in der Gefriertruhe.

9 Das beigefügte Foto muss eine andere Person zeigen, die sich verkleidet hat. Das Hemd und die Brille haben wir in einem der Kartons gefunden.

10 Des Weiteren stimmt die Handschrift des Briefes mit der von Alma überein.

11 Auf dem Foto verdeckt sie ihr Muttermal mit der Hand, um nicht erkannt zu werden, aber rechts blitzt eine blonde Haarsträhne hervor. Sie hat sich eindeutig als ihr eigener Ehemann verkleidet.

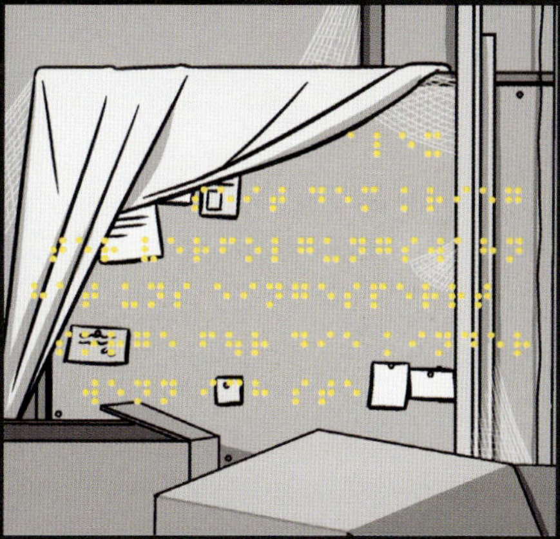

12 Hinter der Waschmaschine finden wir eine Pinnwand, auf der Reißzwecken so angebracht wurden, dass sie eine Nachricht in Blindenschrift ergeben.

LÖSUNG

13 Alma könnte diese Schrift beherrschen, weil sie eine blinde Schwester hat.

14 Wir können die Nachricht lesen, wenn wir auch die Löcher der Reißzwecken berücksichtigen, die im Laufe der Jahre bereits abgefallen sind.

15 Die Nachricht erwähnt einen Alex, bezieht sich aber auf den Soldaten. Wir schließen daraus, dass Vater und Sohn denselben Vornamen haben.

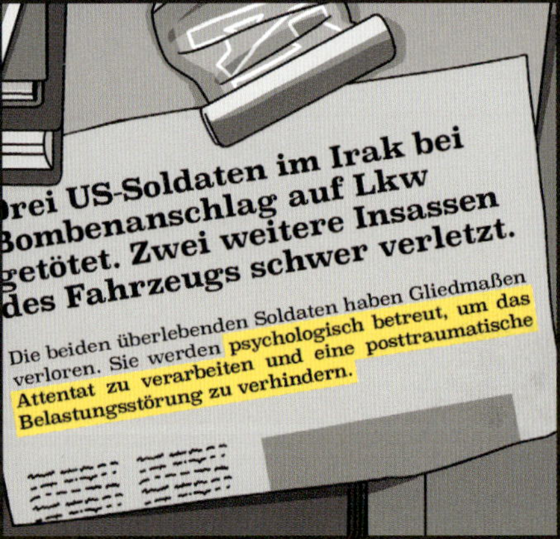

16 Der erwähnte Verfolgungswahn muss eine posttraumatische Belastungsstörung als Reaktion auf das Attentat sein, bei dem Alex die Hand verlor.

17 In seinem Wahn hat er sich und seine Frau 349 Tage lang im Keller eingesperrt.

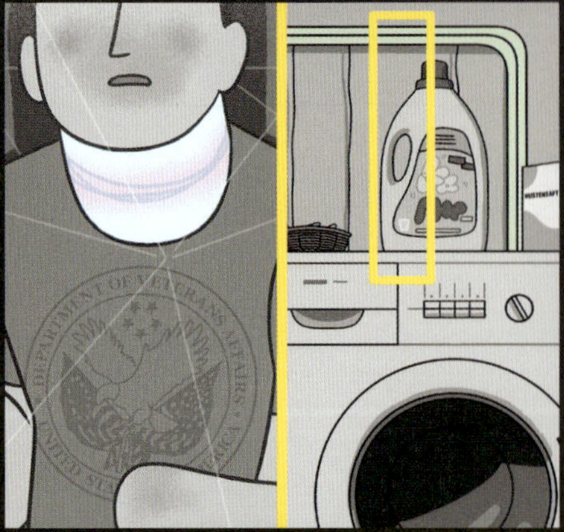

18 Doch eines Tages ist er gestorben. Offensichtlich wurde er mit einem Seil erdrosselt – und am Wäscheständer fehlt eine Leine. Damit muss Alma den Mord begangen haben.

19 Auf dem Kontoauszug im Regal sehen wir, dass von einer Organisation namens DVAUSA jeden Monat 1800 Dollar auf das Konto überwiesen werden.

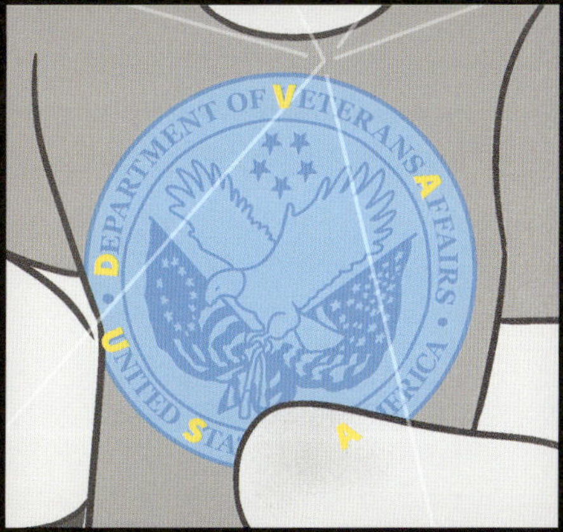

20 Die Bedeutung dieser Abkürzung verrät uns das T-Shirt der Leiche: Department of Veteran Affairs United States of America. Alma hat ihren toten Mann eingefroren, um weiterhin seine Veteranenrente zu kassieren.

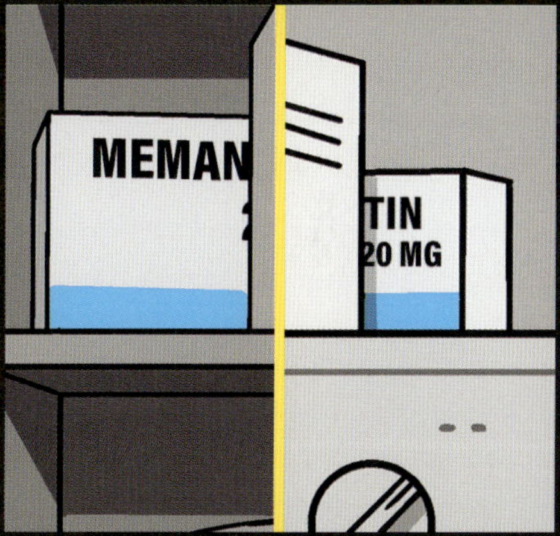

21 Aber warum hat sie dann die Polizei gerufen? Das wird uns klar, wenn wir uns die Medikamente ansehen. Die beiden weiß-blauen Schachteln ergeben zusammen »MEMANTIN 20 mg«.

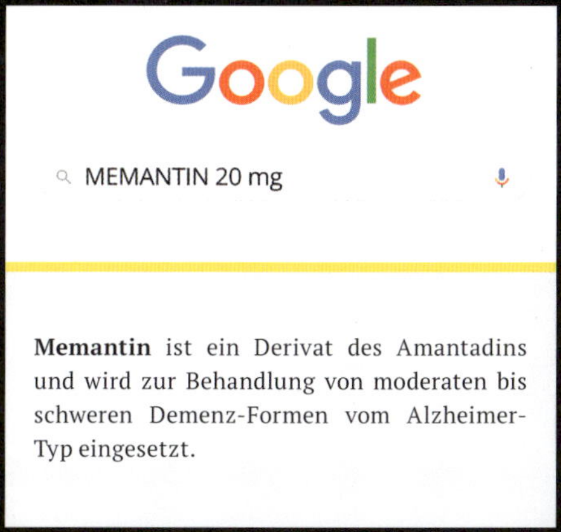

22 Eine schnelle Internet-Recherche ergibt, dass es sich um ein Medikament gegen Alzheimer handelt.

23 Alma hat vergessen, dass die Leiche seit 30 Jahren in der Gefriertruhe liegt. Die Nummer für das Zahlenschloss hat sich ihr jedoch tief ins Gedächtnis eingebrannt: 349 – so viele Tage war sie damals im Keller eingesperrt.

24 Beim Öffnen der Truhe ist sie auf die Leiche ihres Mannes gestoßen, den sie 30 Jahre zuvor ermordet und eingefroren hat. Daran konnte sie sich aber nicht mehr erinnern. Als sie ihn so jung dort liegen sah, hielt sie ihn für ihren Sohn und alarmierte die Polizei.

DIE LEICHE AUS DER GEFRIERTRUHE

REKONSTRUKTION DES TATHERGANGS

Alma und Alexander sind ein glückliches Paar. Sie leben zusammen in Madrid, bis Alexander 1990 zum Golfkrieg einberufen wird, denn er ist US-Soldat. Bei einem Bombenanschlag verliert er eine Hand und muss mitansehen, wie seine Kameraden sterben. Nach seiner Rückkehr entwickelt er eine starke posttraumatische Belastungsstörung. Ständig fühlt er sich verfolgt und tödlich bedroht. Deshalb schließt er sich mit seiner Frau im Keller des Hauses ein und hält sie dort fast ein Jahr lang gefangen. In dieser Zeit bringt Alma Zwillinge zur Welt, einen Jungen und ein Mädchen. Ihr Mann schlägt vor, den Jungen nach ihm Alex zu nennen.

Alma ist verzweifelt und denkt, sie wird in diesem Keller sterben. Daher will sie eine geheime Nachricht für ihre blinde Schwester hinterlassen. Auf einer Korkwand ordnet sie Reißzwecken so an, dass sie einen Text in Blindenschrift ergeben. Sie berichtet ihrer Schwester, was geschehen ist, und bittet sie darum, sich um ihre Kinder zu kümmern. Sollte ihr etwas zustoßen, würde ihre Schwester sicher nachforschen und die Nachricht an der Wand ertasten.

Damit ihre Kinder in Freiheit aufwachsen können, schmiedet Alma den Plan, ihren Mann zu töten. Sie nimmt eine der Leinen vom Wäscheständer, schlingt sie ihm um den Hals und erdrosselt ihn. Seine Leiche packt sie in die Gefriertruhe und sichert diese mit einem Zahlenschloss. Als Code verwendet sie 349 – eine Zahl, die sie niemals vergessen wird: So viele Tage war sie im Keller eingesperrt. Den Tod ihres Mannes hält sie streng geheim, um weiterhin die lebenslange Rente zu beziehen, die ihm als Kriegsveteran zusteht, und damit den Lebensunterhalt der Zwillinge zu sichern. Auch ihnen sagt sie nur, dass der Vater fortgegangen ist, aber die Kinder fragen oft nach ihm. Zu ihrem 18. Geburtstag schickt Alma ihnen deshalb einen Brief und ein Foto, auf dem sie sich als Mann verkleidet hat.

Die Jahre vergehen, die Kinder werden erwachsen und ziehen aus, aber Alma lebt weiterhin mit der eingefrorenen Leiche ihres Mannes unter einem Dach. Irgendwann setzen erste Anzeichen für Alzheimer bei ihr ein. Sie wird immer vergesslicher und verliert die Orientierung. Eines Tages geht der Gefrierschrank in der Küche kaputt und sie geht in den Keller, um etwas in die Gefriertruhe zu bringen. Aufgrund ihrer Demenz kann sie sich nicht daran erinnern, was (oder vielmehr: wer) darin liegt, aber die Zahl 349 hat sie noch im Kopf und dreht das Zahlenschloss in die entsprechende Position. Als sie den Deckel anhebt und die Leiche eines Mannes erblickt, der wie ihr Sohn aussieht, erschrickt sie zutiefst. Sie weiß nicht mehr, dass es sich um ihren Mann handelt, den sie selbst 30 Jahre zuvor ermordet hat. In heller Aufregung läuft sie zum Telefon, um die Polizei zu alarmieren.

Nach Abschluss der Ermittlungen wird Alma festgenommen und dem Strafrichter vorgeführt. Einen Teil der unrechtmäßig kassierten Rente muss sie zurückzahlen. Ihr fortgeschrittenes Alter und ihr schlechter Gesundheitszustand wirken sich jedoch strafmildernd aus und bewahren sie vor dem Gefängnis.

Fall 9

TOD AM FLUGHAFEN

WIE WURDE DIE REISENDE ERMORDET?

Hier hast du es mit einem komplizierten Verbrechen zu tun. An einem öffentlichen und bestens gesicherten Ort ist am helllichten Tag und vor den Augen mehrerer Zeugen eine junge Frau innerhalb kürzester Zeit zu Tode gekommen. Niemand scheint zu wissen, was genau geschehen ist. Nur ein so cleverer Detektiv wie du kann dieses Rätsel lösen.

Gehe allen Hinweisen akribisch nach und versuche, die Geschichte hinter diesem mysteriösen Mord zu rekonstruieren. Nur so wird es dir gelingen herauszufinden, wer die Reisende wie und aus welchem Motiv ermordet hat.

CHECKE DIE FLÜGE (S. 150)
SCHAUE IN SEINEN AKTENKOFFER (S. 148)
LIES DIESEN ZETTEL (S. 151)
SCHAUE IN SEINEN RUCKSACK (S. 149)
SCHAUE IN SEINEN KOFFER (S. 147)
SCHAUE IN SEINEN KOFFER (S. 146)

Reiseführer
ALLE HIGHLIGHTS
50+
75ml

Starnberg
13. Juli 2012
12:33
Nachrichten
Eva: Alles Liebe zum Hochzeitstag
Flugticket
Name: Manuel Berge
Flugnummer: 4454
Heute Mittag fliegt Lena zum anberaumten Termin. Ich habe sie im Blick, höre aber nur Bruchstücke von dem, was sie reden.
Sie scheint jetzt ihre Aussage auf Papier zu üben. Auf mich wirkt sie nervös. Sie ist sich der Macht Marco Valentinos und seiner berüchtigten Killer bewusst. Jeden Moment könnte sie ein Schuss treffen und für immer zum Schweigen bringen, das weiß sie.
Am Flughafen fühlt sie sich sicherer. Das habe ich sie an der Sicherheitskontrolle sagen hören. Alle Passagiere wurden gescannt und alle Flüssigkeiten konfisziert, daher kann vermutlich niemand mehr eine Waffe oder Gift bei sich haben, um sie zu ermorden.

Informationen über
Marco Valentino

10
ROSA
MEHR ALS NUR FREUNDE?
LISA ROTH UND PATRICK LAMBRECHT HÄNDCHENHALTEND BEIM STADTBUMME
IN HAMBURG GESICHTET
Diese Woche: Prozess um die Ermordung des Berliner Unternehmers Jürgen Bohl
Die Aussage der einzigen Zeugin L. W. wird entscheidend sein, um den Hauptverdächtige zu überführen.
Von Manuel Berger
50cl

Abflug
Ziel
Boarding
Gate
SOF 12:34 H06
PMI 12:35 J41
BER 13:06 H16
HND 13:22 K81
WLG 13:26 H18
BRU 13:29 J40
LGW 14:01 H17
DXB 14:06 J50
JFK 14:10 H31
PEK 14:19 H07
BCN 14:32 K83
HAM 15:02 K82
KAFFEE SCHWARZ
2,00€
MILCHKAFFEE
2,20€
CAPPUCCINO
2,00€
ESPRESSO
1,80€
LATTE MACCHIATO
2,20€
HEISSE SCHOKOLADE
2,00€
KAFFEE MIT MANDELMILCH
2,30€
KAFFEE MIT SOJAMILCH
2,30€

Es war schon nach drei. Vom Hotel-
fenste s habe ich ihn vorbei-
gehen sehen. Dann kam ein Auto und
neben ihm. Die S fuhr,
zwei S üsse und das Opfer fiel
den Mann kaum erkenn n,
ihm ein Auge fehlen.
r Angst
12:33
Flugticket
Name: Lena Wichmann
Flug Nr.: 445433
Ihr Beleg
Kaffeeautomat Flughafen.......4,20 €

ZUSATZHINWEISE

Eigentlich benötigst du diese Hinweise nicht, um den Fall zu lösen, aber wenn du das Gefühl hast, dass deine Ermittlungen in eine Sackgasse geraten sind, können sie dir helfen, wieder Bewegung in die Sache zu bringen. Lies aber nicht alle Hinweise auf einmal, gehe sparsam damit um. Vielleicht bringt dich ja schon einer auf die richtige Spur und zur Lösung des Rätsels. Viel Erfolg!

ZUSATZHINWEIS 1

Scanne den QR-Code auf dem Bildschirm von Lenas Smartphone, um mehr Details zu ihrer Flugbuchung abzurufen. Im unteren Bereich findest du eine Reihe wichtiger Hinweise, die in Zusammenhang mit ihrem Tod stehen könnten.

ZUSATZHINWEIS 2

Jede Kaffeevariante wird in einem anderen Becher ausgegeben. Dadurch können wir nachvollziehen, welche Person was getrunken hat. Außerdem wird dir aufgefallen sein, dass auf beiden Bechern am Tisch Spuren von Lippenstift zu sehen sind. Vor dem Hintergrund, dass Lena die einzige Frau am Tatort war, kannst du gewisse Schlüsse ziehen.

ZUSATZHINWEIS 3

Fest steht: Einer der Anwesenden muss ein Auftragskiller sein. Aber um welchen der Männer handelt es sich? Finde das Reiseziel jedes Verdächtigen heraus und eruiere, in welchem Monat des Jahres wir uns befinden. Diese beiden Angaben sind von entscheidender Bedeutung, um den Mörder zu identifizieren.

LÖSUNG

Alle Hinweise sind da – du musst sie nur richtig deuten. Gehen wir sie der Reihe nach durch, bis sie uns zum Mörder führen:

1 Wir befinden uns auf einem Flughafen und eine Reisende ist tot. Die Todesursache kennen wir allerdings nicht. Wurde ihr möglicherweise etwas in ihr Getränk gemischt?

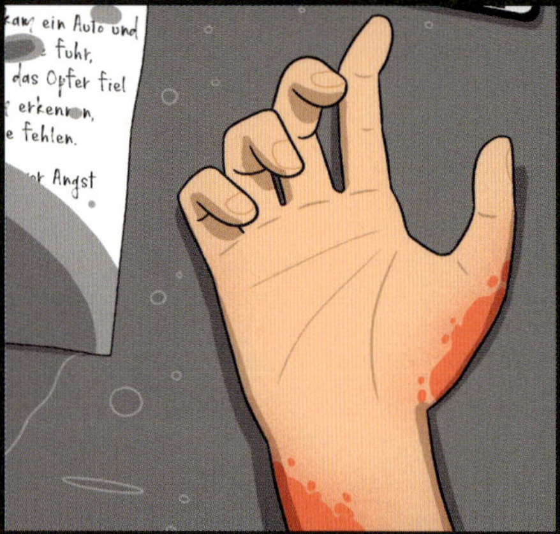

2 Die roten Flecken auf ihrer Hand könnten auf eine Vergiftung hindeuten.

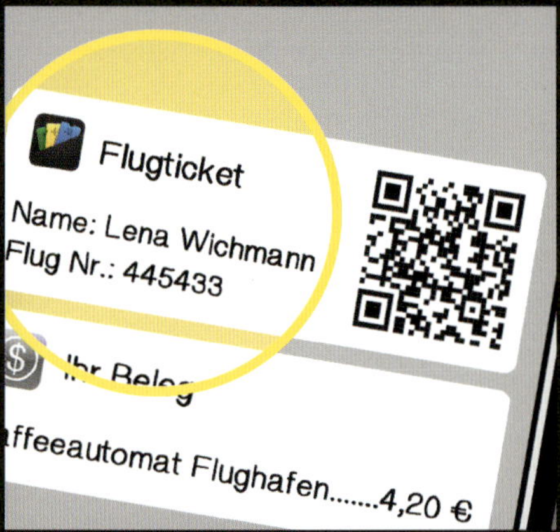

3 Der Name des Opfers ist Lena Wichmann.

4 Im Koffer eines Zeugen finden wir einen Block, auf dem er sich Notizen über Lena gemacht hat. Offensichtlich hat er sie verfolgt.

5 Theoretisch könnte er also der Mörder sein, aber er hat einen der Artikel in der Illustrierten verfasst. Alles deutet darauf hin, dass er lediglich ein Reporter ist.

6 Im Artikel steht, dass L. W. in Kürze als einzige Zeugin in einem Mordprozess aussagen wird. Die Initialen stimmen mit denen unseres Opfers überein: Lena Wichmann.

7 Wenn wir den QR-Code von Lenas Ticket scannen, finden wir heraus, dass sie von München nach Berlin fliegen wollte – den Ort des Verbrechens und der Gerichtsverhandlung.

8 Die Wartezeit am Gate bis zum Boarding hat Lena genutzt, um ihre Aussage bei der Gerichtsverhandlung vorzubereiten und einzuüben.

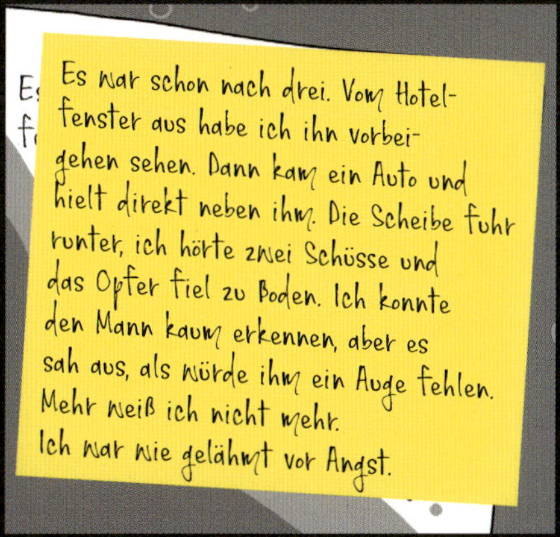

9 Ihrem Text entnehmen wir, dass sie bei einem Aufenthalt in Berlin vom Hotelzimmer aus beobachtet hat, wie ein Mann von einem anderen einäugigen Mann erschossen wurde.

10 Im Koffer des Anzugträgers stoßen wir auf den Namen Marco Valentino und das Foto eines Mannes mit Augenklappe. Es scheint sich um den Mörder zu handeln, gegen den verhandelt wird.

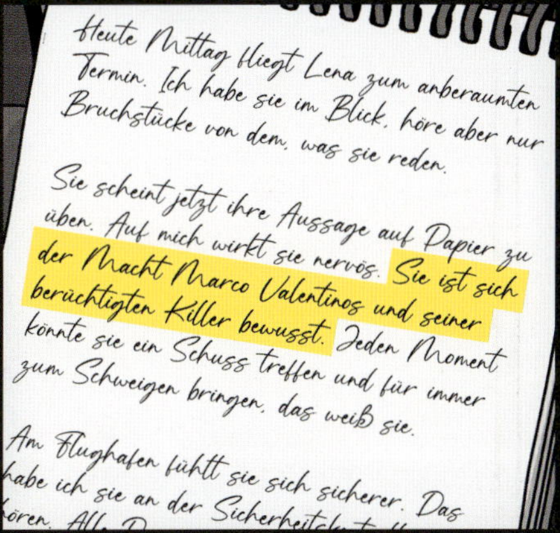

11 Derselbe Name taucht in den Notizen des Reporters auf. Alles deutet darauf hin, dass es sich um einen gefürchteten Mafia-Boss handelt.

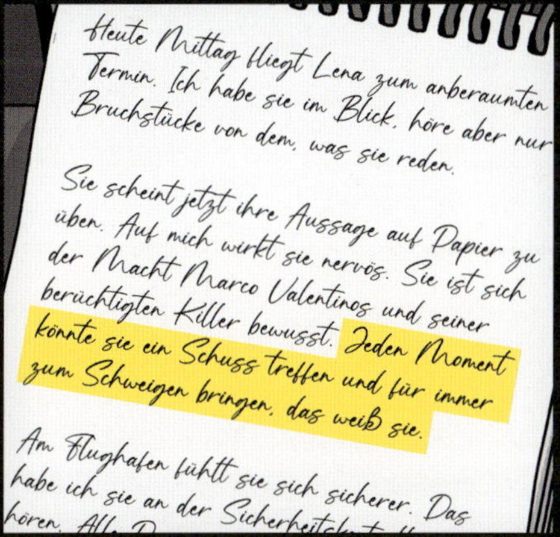

12 Dort steht auch, dass Lena Angst hatte, weil Marco Valentino seine Probleme bekanntlich gerne mithilfe von Auftragskillern löst. Ihr Leben war in Gefahr.

LÖSUNG

13 Einer der Anwesenden wird also wahrscheinlich Valentinos Auftragskiller sein. Nur wer? Und wie ist es ihm gelungen, Lena mitten am Flughafen zu ermorden?

14 Ist es der Mann mit der Pistole? Wie kann es sein, dass ein Passagier nach der Sicherheitskontrolle noch eine Waffe bei sich trägt?

15 Er hat außerdem eine Mappe mit Fotos von Lena und Marco Valentino dabei. Könnte es sich um das Dossier für den Auftragsmord handeln?

16 Gleich mehrere Details belegen, dass dieser Mann in Wirklichkeit Lenas Begleiter war: Erstens hat sie zwei Kaffees gekauft (einer kostet um die 2 Euro).

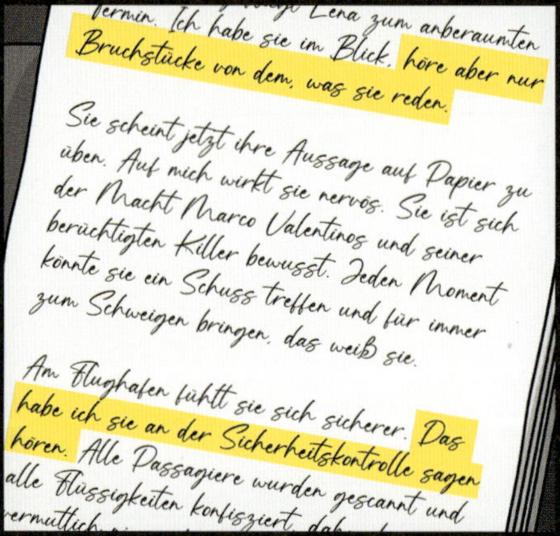

17 Zweitens hat der Reporter in seinen Notizen festgehalten, dass Lena sich mit jemandem unterhalten hat. Sie war also nicht allein unterwegs.

18 Und drittens sieht es aus, als hätten sie im Wartebereich zusammengesessen.

19 Der Mann im Anzug muss ein Polizist sein, daher auch die Pistole. Seine Mappe enthält Ermittlungsunterlagen. Damit verbleiben noch zwei Tatverdächtige. Wer war es?

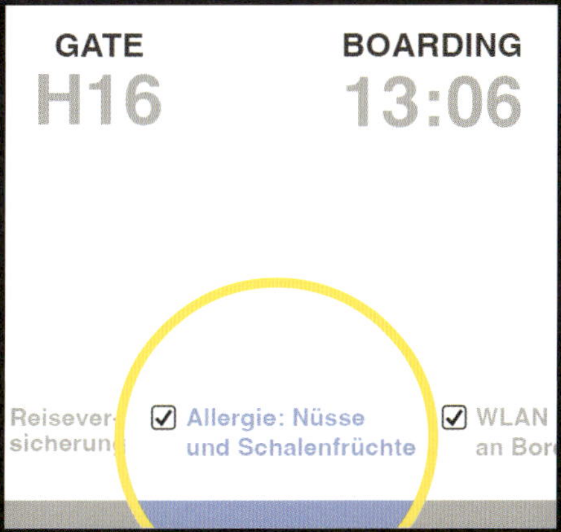

20 Im unteren Abschnitt von Lenas Flugticket steht, dass sie allergisch auf Nüsse und Schalenfrüchte reagiert. Damit kommen wir der Todesursache näher.

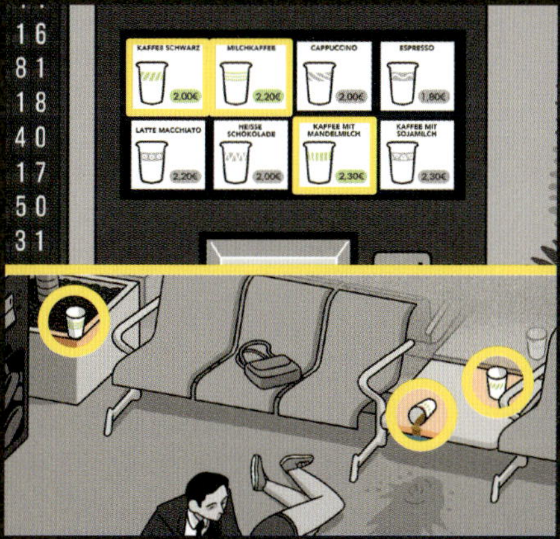

21 Am Automaten stellen wir fest, dass jede Kaffeesorte einen anderen Becher hat. Anhand des Designs können wir sehen, wer was getrunken hat.

22 Lena hat eindeutig einen Kaffee mit Mandelmilch getrunken, und das trotz ihrer Allergie. Wie kam sie dazu?

23 Jemand muss die Becher vertauscht haben. Auf dem Tisch steht noch ein weiterer Kaffeebecher mit Lippenstift. Lena ist aber die einzige Frau vor Ort, also muss sie auch aus diesem getrunken haben.

24 Außerdem hat sie 4,20 € bezahlt. Wenn wir den Milchkaffee ihres Begleiters (2,20 €) zu ihrem Kaffee mit Mandelmilch (2,30 €) addieren, kommen wir auf 4,50 €. Das passt nicht zu ihrem Beleg.

LÖSUNG

25 Der Killer hat Lenas Kaffee gegen den mit Mandelmilch ausgetauscht, um eine tödliche allergische Reaktion hervorzurufen. Aber wer von beiden war es? Anhand ihrer Flugziele finden wir es heraus.

26 Auf der Anzeigetafel sind alle Zielflughäfen mit den sogenannten 3-Letter-Codes des internationalen Luftverkehrsverbandes IATA angegeben.

27 Im Koffer eines der Verdächtigen haben wir Britische Pfund gefunden, daher muss er nach Großbritannien unterwegs sein. Und tatsächlich entdecken wir einen Flug nach London.

28 Um herauszufinden, welches Land die Flagge am Heißluftballon besitzt, müssen wir nur die Flaggen zu den Zielen auf der Anzeigetafel recherchieren.

29 »WLG« steht für Wellington (Neuseeland), und wenn wir die zugehörige Flagge suchen, entdecken wir dieselbe wie auf dem Reiseführer. Also wollte der zweite Verdächtige dorthin reisen.

30 Das aktuelle Datum spielt eine wichtige Rolle. Es muss Juli sein, denn der Reporter hat Glückwünsche zum Hochzeitstag bekommen und er hat im Juli geheiratet.

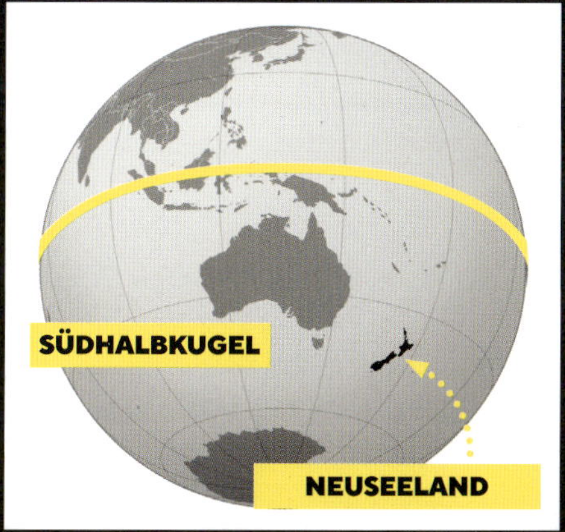

31 Wie wir wissen, liegt Neuseeland auf der Südhalbkugel. Dementsprechend ist dort tiefster Winter, wenn in Deutschland Sommer ist.

32 Wäre der Mann tatsächlich nach Neuseeland gereist, hätte er warme Kleidung gegen Kälte und Schnee einpacken müssen – und keine Badesachen, Sonnenbrille, Flip-Flops oder Sonnencreme.

33 Der Verdächtige hatte nicht vor, nach Neuseeland zu reisen. Er hat einfach irgendein Ticket für einen Flug mit ähnlicher Abflugzeit, der von einem benachbarten Gate starten würde, gekauft.

TOD AM FLUGHAFEN

REKONSTRUKTION DES TATHERGANGS

Lena Wichmann verbringt ein paar Tage in Berlin. Eines Nachts blickt sie aus dem Fenster ihres Hotelzimmers und sieht ein Auto direkt neben einem Passanten anhalten. Das Wagenfenster geht herunter und wortlos werden zwei Schüsse auf den Mann abgefeuert. Als dieser leblos zu Boden sinkt, fährt der Wagen mit Vollgas davon. Lena wählt sofort den Notruf. Bei der Befragung durch die Polizei kann sie sich nur noch an ein Detail erinnern: Offenbar hatte der Mörder nur ein Auge. Die Ermittlungen konzentrieren sich daraufhin auf Marco Valentino, einen stadtbekannten Mafia-Boss, dessen Markenzeichen seine Augenklappe ist. Im Strafprozess wird Valentino wegen Mordes angeklagt. Die Anklage basiert jedoch einzig und allein auf einem Beweis: Lena Wichmanns Zeugenaussage. Ohne ihre Aussage wird der Mafioso nur schwerlich hinter Gitter wandern.

Die Behörden wissen, dass Lena in Lebensgefahr schwebt. Valentino wird versuchen, sie noch vor der Anhörung aus dem Weg zu schaffen. Daher wird sie unter ständigen Polizeischutz gestellt, bis das Urteil rechtskräftig ist und Valentino hinter Schloss und Riegel sitzt.

Der Gerichtstermin wird am Ort des Geschehens anberaumt. An besagtem Tag macht Lena sich auf zum Flughafen ihrer Heimatstadt München, von wo aus sie nach Berlin fliegen will. Sie ist sehr angespannt, obwohl ein Polizist sie begleitet. Am Gate angekommen, holt sie an einem der Automaten zwei Becher Kaffee – einen für sich und einen für ihren Begleiter. Dann beginnt sie ihre Aussage mithilfe von Stift und Papier zu üben. Dazu hat ihr Anwalt ihr geraten.

Lena ahnt nicht, dass ihr einer von Marco Valentinos Killern bereits auf den Fersen ist. Mit einem Koffer voller Strandbekleidung mimt er den Touristen und wartet, bis das Gate für den Flug nach Berlin bekannt gegeben wird, um sich dann kurzfristig ein Ticket für einen Flug zu besorgen, der an einem Gate in der Nähe startet. Ein Ticket für denselben Flug würde ihn zu offensichtlich mit Lena in Verbindung bringen. Er entscheidet sich daher für Wellington (Neuseeland) und kauft im Duty-free-Shop gleich noch den passenden Reiseführer, um sein Alibi glaubwürdiger zu machen.

Der Killer ist sich im Klaren darüber, dass er in diesem Bereich des Flughafens weder Waffen noch Gift einsetzen kann, aber er hat seine Hausaufgaben gemacht und weiß, dass seine Zielperson hochallergisch auf Nüsse und Schalenfrüchte reagiert; außerdem liebt sie Kaffee. Daher muss er nur abwarten, bis sie sich einen holt, um dann den Tausch vorzunehmen, der ihr einen schweren anaphylaktischen Schock verpassen wird. Als er sieht, wie sie die Kaffees am Automaten zieht, kauft er sich einen mit Mandelmilch, setzt sich neben sie und vertauscht die Becher, sobald sich die Gelegenheit dazu bietet. Lena trinkt davon und fühlt sich sofort unwohl. Innerhalb von Sekunden bricht sie zusammen und erstickt. Der Polizist, der sie begleitet, kann nur tatenlos zusehen. Doch dem Killer ist ein fataler Fehler unterlaufen: Er hat vorgegeben, als Tourist nach Neuseeland unterwegs zu sein, ohne zu bedenken, dass auf der anderen Seite der Erde gerade tiefster Winter herrscht. Die Polizei nimmt ihn umgehend fest.

Fall 10

TRAGÖDIE IM SPRECHZIMMER

WAR ES TATSÄCHLICH SELBSTMORD?

Der Tag im Krankenhaus hat gerade erst begonnen, als eine schreckliche Nachricht die Runde macht: Einer der Ärzte hat in seinem Sprechzimmer Selbstmord begangen.

Da du als Detektiv Erfahrung mit derartigen Fällen hast, wurdest du persönlich zum Tatort gebeten. Mit der dir eigenen Skepsis nimmst du die Örtlichkeit genau unter die Lupe. War es in Wirklichkeit vielleicht doch ein Mord? Untersuche jedes Detail im Zimmer und du wirst das Geheimnis lüften.

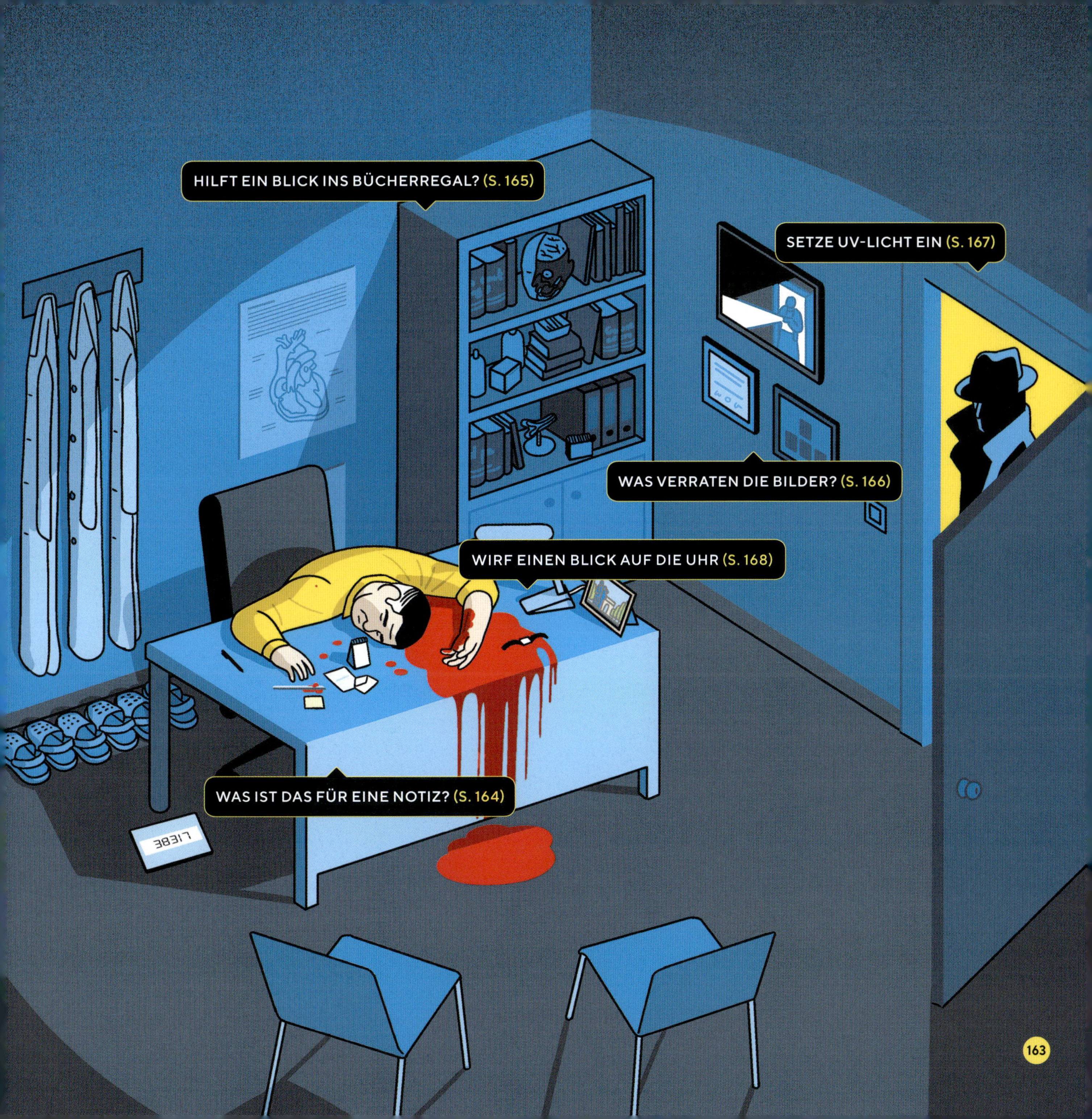
HILFT EIN BLICK INS BÜCHERREGAL? (S. 165)
SETZE UV-LICHT EIN (S. 167)
WAS VERRATEN DIE BILDER? (S. 166)
WIRF EINEN BLICK AUF DIE UHR (S. 168)
WAS IST DAS FÜR EINE NOTIZ? (S. 164)

Lars, das neue
Intranet ist jetzt verfügba
Du kannst dich unter
http://webzugang-portal.de/klir
mit deinem
Passwort einloggen.
Sandra
Es tut mir leid,
was ich mir geleistet habe.
Ich hoffe, ihr könnt
mir verzeihen.
MONTAG DIENSTAG MITTWOCH DONNERSTAG FREITAG SAMSTAG SONNTAG
Urlaub Hochzeitstag Paris
Blut spenden
O-fehlt

Das Herz

Tag und Nacht pumpt unser Herz Blut durch den Körper, um alle Zellen zu versorgen. Das menschliche Herz schlägt im Durchschnitt 70 Mal pro Minute. Damit ein Herz transplantiert werden kann, müssen bestimmte Merkmale von Spender und Empfänger erfüllt sein, wie max. 25 % Abweichung beim Körpergewicht und kompatible Blutgruppen.

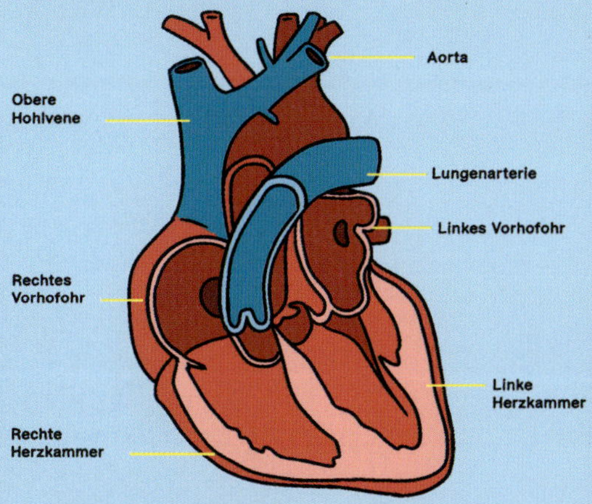

Blut und Kreislaufsystem

Die Arterien transportieren das Blut aus dem Herzen und verteilen es im Körper. Die Venen leiten das Blut aus dem Körper zum Herzen zurück.

Es gibt verschiedene Blutgruppen und nicht alle sind miteinander kompatibel. Aber: Wer 0– hat, kann für alle spenden, und wer AB+ hat, von allen empfangen.

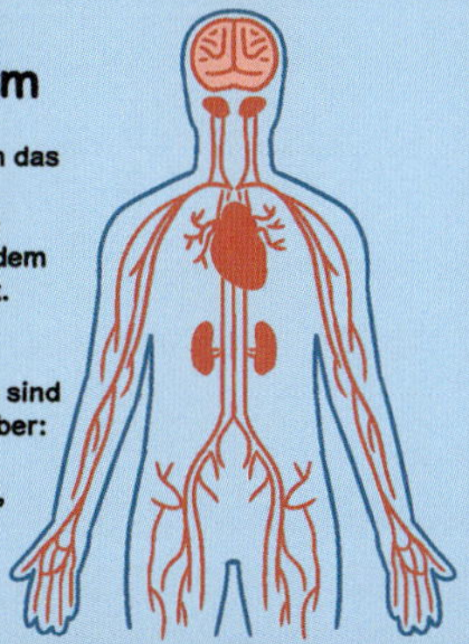

KrimiTV
John, unter UV-Licht erscheinen Rückstände von Blut als weiße Flecken und Rückstände von Sperma als gelbe.

Urkunde
Facharzt für Innere Medizin und Kardiologie
Dr. med. LARS HANDKE

DR. HANDKE & SEIN TEAM
Dr. Lars Handke
Rudi Lechner Krankenpfleger
Herbert Christ Krankenpfleger
Sandra Bechthold Krankenpflegerin

Audio-Hinweis
Offensichtlich hat das Opfer zwei Sprachnachrichten erhalten. Höre sie ab, um weitere Informationen zum Fall zu bekommen.

Falls du keine Internetverbindung hast, findest du auf Seite 214 eine Transkription der Sprachnachrichten.

ZUSATZHINWEISE

Eigentlich benötigst du diese Hinweise nicht, um den Fall zu lösen, aber wenn du das Gefühl hast, dass deine Ermittlungen in eine Sackgasse geraten sind, können sie dir helfen, wieder Bewegung in die Sache zu bringen. Lies aber nicht alle Hinweise auf einmal, gehe sparsam damit um. Vielleicht bringt dich ja schon einer auf die richtige Spur und zur Lösung des Rätsels. Viel Erfolg!

ZUSATZHINWEIS 1

Um auf das Intranet zugreifen zu können, brauchst du ein Passwort. Offensichtlich hat der Arzt es schon in sein Tablet eingegeben. Lies das Zugangspasswort dort ab, aber bedenke, dass sich die Bildschirme dieser Geräte drehen. Bist du dir sicher, dass du es richtig herum liest?

ZUSATZHINWEIS 2

Die Smartwatch von Dr. Handke verrät dir sein Gewicht; seine Blutgruppe findest du auf einer Notiz im Kalender. Auf dem Anatomieposter im Zimmer steht, dass es bei Herztransplantationen bestimmte Voraussetzungen gibt, die genau diese beiden Merkmale – Gewicht und Blutgruppe – betreffen. Mit wem war das Opfer kompatibel?

ZUSATZHINWEIS 3

Nimm die Fotos aller in den Fall verwickelten Personen genau unter die Lupe und versuche, Verbindungen zu erkennen. Achte dazu vor allem auf Details abseits der Gesichter (Hintergründe, Ecken, Kleidung ...).

LÖSUNG

Untersuchen wir den Fall im Detail und rekonstruieren die Tat:

1 Der Urkunde an der Wand entnehmen wir, dass wir uns im Sprechzimmer eines Kardiologen befinden.

2 Die Teamfotos bestätigen, dass es sich bei dem Opfer tatsächlich um Dr. Lars Handke handelt.

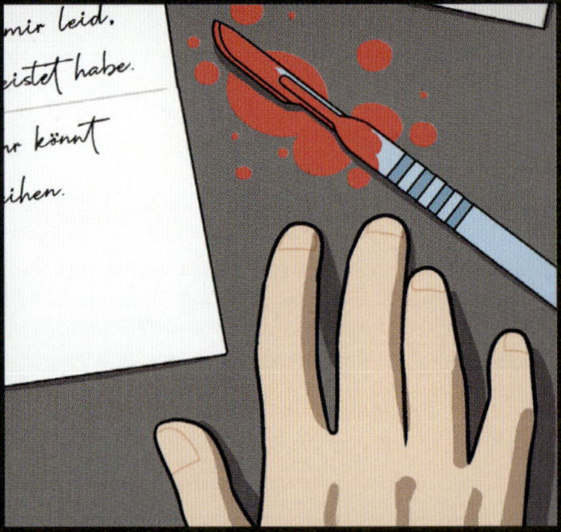

3 Es sieht aus, als hätte er sich mit einem Skalpell die Pulsadern aufgeschnitten, um sich das Leben zu nehmen.

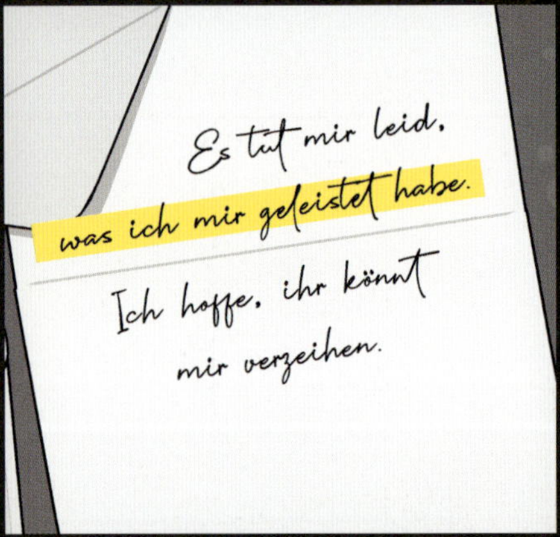

4 Sein Abschiedsbrief bestätigt den Selbstmord. Offensichtlich bereut er sein Verhalten und dass er anderen Leid zugefügt hat.

5 An diesem Abschiedsbrief ist jedoch etwas faul. Bei genauem Hinsehen erkennen wir, dass das Blatt viel zu groß für den Umschlag ist, in dem es angeblich gesteckt hat.

6 Bestimmt handelt es sich bei der Person, die behauptet, den Umschlag gefunden und geöffnet zu haben, um den Mörder. Er oder sie wird den Brief direkt offen dort platziert haben.

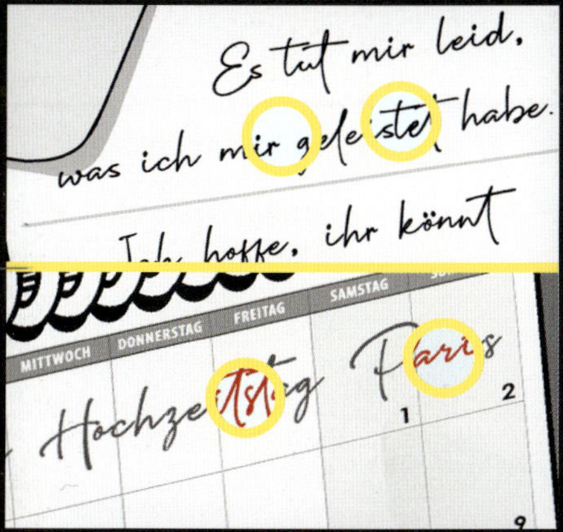

7 Außerdem hat der Mörder im Brief das »s« und das »r« des Opfers nicht ganz getroffen. Den Beweis liefert der Schriftvergleich mit den Kalendereinträgen.

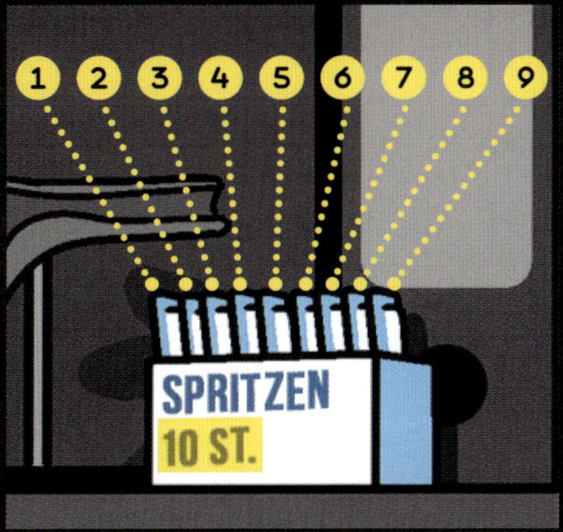

8 Im Regal steht eine 10er-Packung Spritzen, doch sie enthält nur noch neun Exemplare. Eine Spritze fehlt.

9 Am Oberarm des Arztes ist ein blutiger Punkt zu sehen. Jemand hat ihm mit einer Spritze ein Beruhigungsmittel injiziert und ihm dann die Pulsadern aufgeschnitten. Aber wer?

10 Der Arzt hat eine Krankenpflegerin sexuell belästigt. Damit hatte diese ein Motiv.

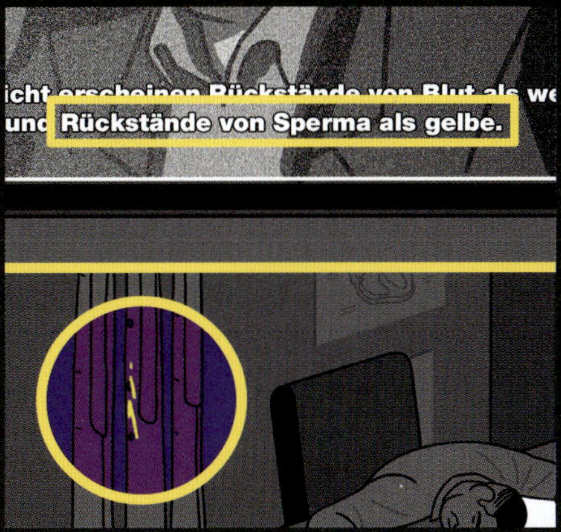

11 Aus der Fernsehserie wissen wir, dass Spermaflecken unter UV-Licht gelb aussehen. Offensichtlich hat der Arzt auf einen Kittel ejakuliert – vielleicht auf den der Krankenpflegerin. War es Vergewaltigung oder »nur« Selbstbefriedigung?

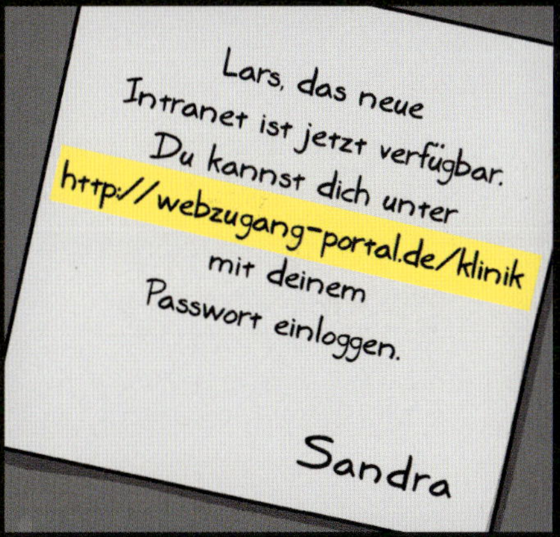

12 Auf dem Post-it am Schreibtisch ist eine URL notiert, über die man ins Intranet der Klinik gelangt. Die URL ist real – du kannst sie mit einem Browser aufrufen.

LÖSUNG

13 Auf dem Tablet ist das Passwort notiert: »38317«. Allerdings dreht sich der Bildschirm dieser Geräte automatisch – tatsächlich lautet das Passwort »LIEBE«.

14 Auf dem Schreibtisch befindet sich außerdem ein Foto der Stadt der Liebe, Paris, wo das Opfer laut Kalender seinen Hochzeitstag verbracht hat.

15 Im Intranet der Klinik gibt es eine aktuelle Patientenliste. Darauf steht auch Sabine Langhammer, deren Zustand mit »HU« beschrieben wird.

16 Wenn wir die Bücher aus dem Regal in die richtige Reihenfolge bringen, verstehen wir, dass »HU« die höchste Dringlichkeitsstufe (von engl. high urgency) für eine Transplantation bezeichnet.

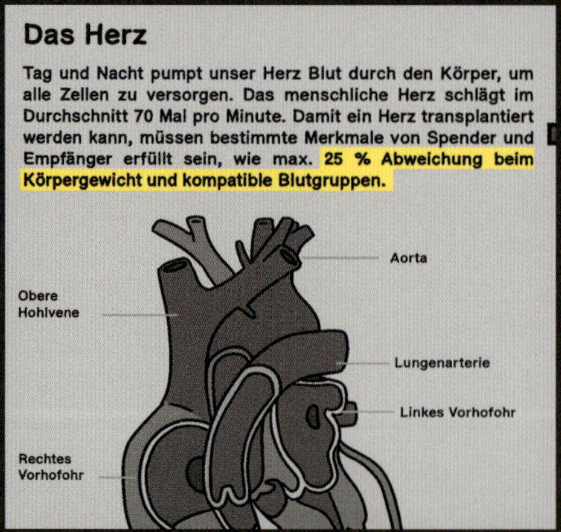

17 Wurde der Arzt etwa ermordet, damit sein Herz zur Transplantation freigegeben wird? Auf dem Poster im Sprechzimmer steht, dass eine Herztransplantation nur bei kompatiblen Blutgruppen und maximal 25 % Abweichung beim Körpergewicht möglich ist.

18 Der Arzt hat Blutgruppe 0–. In seinem Kalender hat er sich einen Blutspendetermin eingetragen, weil seine Blutgruppe in der Klinik dringend benötigt wird.

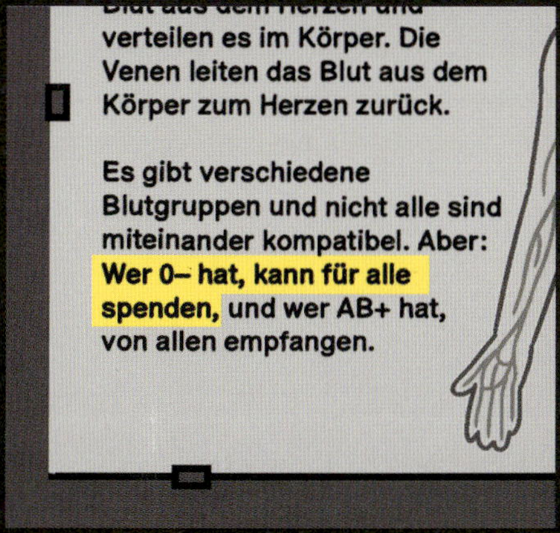

19 Sie ist nämlich mit allen anderen Blutgruppen kompatibel. So steht es auch auf dem Poster.

20 Der Arzt wiegt 78 kg, Sabine Langhammer 70 kg. Die Differenz beträgt weniger als 25 %, also sind die beiden kompatibel. Wer aber würde davon profitieren, wenn Sabine ein Spenderherz bekäme?

21 Blutspuren erscheinen unter UV-Licht als weiße Flecken. Demnach ist Blut auf den Schuh des Mörders oder der Mörderin gekommen und wurde mit Alkohol und einer Kompresse aus dem Regal entfernt.

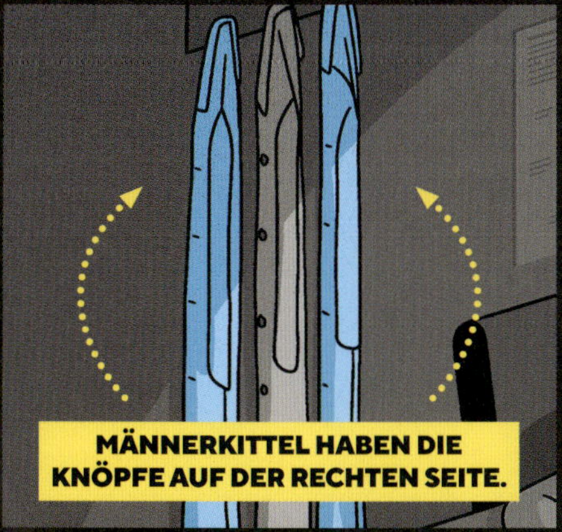

22 Anhand der Knöpfe sehen wir, dass die äußeren Kittel Männern gehören. Bei Männerkitteln befindet sich die Knopfleiste auf der rechten Seite, bei Frauenkitteln dagegen auf der linken.

23 Auf dem Werbebanner im Intranet ist zu sehen, dass Männer- und Frauenkleidung unterschiedlich geknöpft wird.

24 Damit steht fest, dass es einer der männlichen Pfleger war – und zwar Rudi. Der Hintergrund auf seinem Foto ist derselbe wie bei Sabine, also muss es eine Verbindung geben. Ist sie seine Mutter? Keine Frage, dass er über Leichen geht, um ihr ein neues Herz zu beschaffen.

TRAGÖDIE IM SPRECHZIMMER

REKONSTRUKTION DES TATHERGANGS

Der Kardiologe Dr. Lars Handke ist bei seinen Mitarbeitern alles andere als beliebt. Er ist ein ziemlicher Macho, und eine seiner Krankenpflegerinnen hat seine Übergriffigkeit bereits am eigenen Leib erfahren.

Rudi, einer der Pfleger aus Dr. Handkes Team, hat vor Kurzem eine Hiobsbotschaft erhalten. Seine herzkranke Mutter Sabine hat einen lebensbedrohlichen Infarkt erlitten. Sie wurde zwar sofort stationär aufgenommen, ihr Zustand ist allerdings so ernst, dass die Ärzte sie als HU-Patientin eingestuft haben. Mit diesem Status hat sie Vorrang gegenüber anderen Patienten, sobald ein geeignetes Spenderherz zur Verfügung steht. Leider ist dies aktuell jedoch nicht der Fall.

Verzweifelt sucht der Pfleger nach einem Weg, wie er das Leben seiner todkranken Mutter retten kann. Wenn er nur den Tod eines kompatiblen Spenders herbeiführen könnte! Sicherlich bekäme sie dann dessen Herz transplantiert. Vielleicht wäre ja sogar sein verhasster Chef ein geeigneter Kandidat? Rudi überprüft die Daten und erkennt, dass der Arzt der ideale Spender wäre. Jetzt muss er nur noch dessen Selbstmord inszenieren, damit die Polizei keinen Verdacht schöpft. Ein perfekter Plan!

Alle wissen, dass Schwester Sandra kürzlich von Dr. Handke sexuell belästigt worden ist. Ohne zu zögern hat sie den Vorfall seinen Vorgesetzten gemeldet und auch seine Ehefrau Maria darüber informiert. Ein perfektes Selbstmordmotiv, findet Rudi. Mit gefälschter Handschrift verfasst er einen Abschiedsbrief mit einer Entschuldigung, damit es so aussieht, als hätten die Auswirkungen dieser Angelegenheit den Arzt dazu bewogen, sich das Leben zu nehmen.

Sobald Dr. Handke am Tatmorgen da ist, betritt Rudi das Sprechzimmer unter dem Vorwand, etwas im Regal zu suchen. Er nimmt sich eine der Spritzen, zieht ein starkes Beruhigungsmittel auf und injiziert es dem Arzt in den Oberarm. Die Spritze wirkt sofort, sodass der Pfleger ihm ohne Gegenwehr die Pulsadern aufschneiden kann. Auf diese Weise wird er langsam verbluten und sein Herz keinen Schaden nehmen.

Nach und nach breitet sich das Blut über den Schreibtisch aus, fließt über den Rand und tropft auf den Boden – und auf einen Schuh des Pflegers. Als Rudi das Malheur bemerkt, holt er schnell eine Kompresse und den Alkohol aus dem Regal und wischt seinen Schuh damit ab, aber auch auf seinen Händen ist etwas Blut. Deshalb muss er auch alle Stellen abwischen, die er vorher berührt hat.

Sobald alles sauber ist und er sich vergewissert hat, dass der Arzt tatsächlich tot ist, platziert er den Abschiedsbrief und einen Umschlag auf dem Tisch. Dann setzt er eine überraschte Miene auf und verlässt den Raum, um zu melden, dass er seinen Chef tot aufgefunden habe. Nach Abschluss der Ermittlungen besteht jedoch kein Zweifel an seiner Täterschaft. Rudi wird festgenommen, aber sein Plan ist aufgegangen: Sabine bekommt das Herz von Dr. Handke. Die Transplantation rettet ihr das Leben.

LIEBE

Fall 11

DIE ERMORDUNG DER MUSIKLEHRERIN

WER WAR DER TÄTER?

Bei unserem heutigen Mordopfer handelt es sich um eine bezaubernde ältere Dame. Aufgefunden wurde sie im eigenen Haus, und zwar in dem Zimmer, wo sie ihre Musikschüler zum Einzelunterricht empfangen hat.

Du fährst zum Ort des Geschehens, um dir persönlich ein Bild vom Tatort zu machen. Dass es sich um einen Mord handelt, ist offensichtlich, aber kannst du den Mörder überführen und herausfinden, was ihn zu der grausamen Tat bewogen hat?

BEFRAGE IHREN EHEMANN (S. 182)
SCHAUE INS INNERE DES KLAVIERS (S. 179)
INSPIZIERE DEN TISCH (S. 178)
SIEH DIR DIE BÜCHER AN (S. 181)
HÖRE DIE AUFNAHME AB (S. 180)

ÜBUNG 3
A E D E C E
C D C C D
C E D E D C
D E D E F G
ÜBUNG 6
C E D E D C
C D C C D
C E D E D C
E D D D D
ÜBUNG 9
E D G E G
D
C C
E D E D C
C D C C D
NG 11
E D E D C
C D C C D
C E D E D C
D E D G E G
SCHÜLERKARTEI / UNTERRICHTSPLÄNE
ZWEITES QUARTAL
Niklas Bogner
April: Übung 11
Mai: Übung 9
Juni: Übung 6
Patrick Dollinger
April: Übung 9
Mai: Übung 6
Juni: Übung 3
Jochen Auer
April: Übung 3
Mai: Übung 6
Juni: Übung 9
Stefan Hillebrand
April: Übung 6
Mai: Übung 11
Juni: Übung 9

ICH 52/45/42/14/15
22/15/21/11/33/22/15/33 22/15/33/34/32/32/15/33.
ICH 52/Ä45/33/43/13/23/44/15
WIR HÄTTEN UNS
31/24/15/12/15/33 KÖNNEN.
12/15/23/11/31/44/15 MEIN
24/33/43/44/42/45/32/15/33/44 UND
15/42/24/33/33/15/42/15 DICH
AN 32/24/13/23 14/45/42/13/23
DEN 25/31/11/33/22 43/15/24/33/15/42
43/11/24/44/15/33.
UNTERZEICHNET: 35/13

Audio-Hinweis
Die Lehrerin hat ihren Unterricht immer auf Tonband aufgezeichnet, um die Fortschritte ihrer Schüler zu dokumentieren. Drücke auf »Play«, vielleicht gewinnst du dadurch neue Informationen zum Fall.

Falls du keine Internetverbindung hast, findest du auf Seite 215 eine Transkription der Aufnahme.

ANATOMIE DER INSTRUMENTE
KLAVIERSTÜCKE FÜR ANFÄNGER
Россия Солнце
Gruppenfoto in Moskau unter dem Banner mit dem Namen des Ensembles
Ruslan Sokolows musikalische Karriere begann als Mitglied eines kleinen Ensembles, dessen Name übersetzt "Russland-Sonne" lautete. Bei einem Auftritt in einer Moskauer Bar entdeckte ihn ein reicher Gönner und erkannte sein großes Potenzial. Dank dessen Hilfe wurde Sokolow der neue aufsteigende Stern am Musikhimmel.
Sein Ruhm führte ihn in die ganze Welt. Diesen Umstand wusste die sowjetische Regierung zu nutzen und rekrutierte ihn im Zweiten Weltkrieg für ihren Geheimdienst. Von 1939 bis 1944 war der Musiker als Spion aktiv, bis er in Berlin von NS-Truppen enttarnt und hingerichtet wurde.
durch das die Luft entweicht. Das Schallloch verstärkt die Resonanz des Instruments. Streichinstrumente wie die Violine sowie viele elektrische Gitarren haben ein sogenanntes F-Loch, das der kursiven Form des Kleinbuchstabens f nachempfunden ist.
Den Korpus des Saxo bildet ein schmales ko Schallrohr, üblicherwe Messing, das sich zum glockenförmig weitet. D befinden sich 23 Tonlö terschiedlicher Größe, ir zwei kleine Oktavlöcher, die in höheren Registern unterstützend eingesetzt
Während des Krieges verwendeten beide Seiten Verschlüsselungscodes verschiedenster Art, um ihre Nachrichten für die Feinde unverständlich zu machen. Die Nazis nutzten hierzu die legendäre Enigma, eine Verschlüsselungsmaschine in Form einer Schreibmaschine, die jeden Buchstaben nach dem Zufallsprinzip ersetzte, was die Erkennung eines bestimmten Kodierungsmusters nahezu unmöglich machte.
Auch die Sowjets wandten Chiffriertechniken an. Eines der ältesten Verfahren bestand darin, die Buchstaben des Alphabets in einer 5-x-5-Tabelle anzuordnen,
ENZYKLOPÄDIE DER WELTGESCHICHTE
GESCHICHTE DER MUSIK
Ihre Saiten bestehen aus Nylon, wobei die drei dickeren zusätzlich durch ein Metallgeflecht verstärkt sind, vor allem im Bereich der klassischen Musik. Die sechs Saiten werden von unten nach oben gezählt, entsprechend ist die dünnste und am höchsten klingende die erste.
Der wesentliche Unterschied zwischen Klarinette und Oboe besteht in der Bohrung. Die Klarinette hat einen zylindrischen Luftkanal, wohingegen der der Oboe eine Kegelform besitzt. Dieser Umstand ist primär für die großen Klangunterschiede der Instrumente verantwortlich. Die kegelförmige Bohrung der Oboe

Audio-Hinweis
Die Aussage des Ehemanns könnte den entscheidenden Hinweis zur Lösung des Falls liefern. Sprich mit ihm und versuche, neue Informationen für die Ermittlung zu gewinnen.

Falls du keine Internetverbindung hast, findest du auf Seite 216 eine Transkription der Aussage.

ZUSATZHINWEISE

Eigentlich benötigst du diese Hinweise nicht, um den Fall zu lösen, aber wenn du das Gefühl hast, dass deine Ermittlungen in eine Sackgasse geraten sind, können sie dir helfen, wieder Bewegung in die Sache zu bringen. Lies aber nicht alle Hinweise auf einmal, gehe sparsam damit um. Vielleicht bringt dich ja schon einer auf die richtige Spur und zur Lösung des Rätsels. Viel Erfolg!

ZUSATZHINWEIS 1

Im Geschichtsbuch steht, dass bei einer Verschlüsselungsmethode das Alphabet in einer 5-x-5-Tabelle angeordnet wurde. Eine solche findest du hinter dem Ehemann. Vervollständige sie und du wirst feststellen, dass jedem Buchstaben ein Feld zugeordnet ist; zum Beispiel findest du das »O« in Reihe 3, Spalte 4, was 34 ergibt. Auf diese Weise kannst du den Brief aus dem Klavier entschlüsseln.

ZUSATZHINWEIS 2

Die Person auf der Tonbandaufnahme muss der Mörder sein, denn wir hören, dass er nach den wertvollen Instrumenten fragt und sie fotografiert. Du findest heraus, um welchen der Schüler es sich handelt, wenn du darauf achtest, welches Stück er spielt.

ZUSATZHINWEIS 3

Der Mörder scheint zwar nichts gestohlen zu haben, könnte aber etwas ausgetauscht haben. Sieh dir die Instrumente genau an, vergleiche sie mit der jeweiligen Beschreibung aus den Büchern und versuche, ein Detail zu finden, das auf eine Fälschung hindeutet.

LÖSUNG

Rekapitulieren wir nun alle Erkenntnisse aus unseren Ermittlungen, um den Fall lösen zu können:

1 Das Opfer starb durch einen Schlag auf den Hinterkopf, der mit einer schweren E-Gitarre ausgeführt wurde.

2 Die Glasscherben sprechen dafür, dass der Mörder durch das Fenster eingestiegen ist.

3 Unsere Intuition sagt uns, dass der Einbruch in Zusammenhang mit einem wertvollen Instrument im Regal der Musiklehrerin stehen muss.

4 Es muss einer ihrer Schüler gewesen sein. Auf der Aufnahme ist zu hören, dass er sich für die Instrumente aus dem Regal interessiert und Fotos gemacht hat, als er allein im Zimmer war.

5 Um herauszufinden, welcher der Schüler auf der Aufnahme zu hören ist, müssen wir auf die letzten Noten des Klavierstücks achten. Er spielt zweimal dieselbe Note und danach einen höheren Ton, also kann es sich nur um Übung 9 handeln.

6 Jeder der Schüler spielt dieses Stück früher oder später, aber welchen Monat haben wir?

7 Anhand der Kassette wissen wir, dass April ist. Demnach muss Patrick Dollinger der Mörder sein.

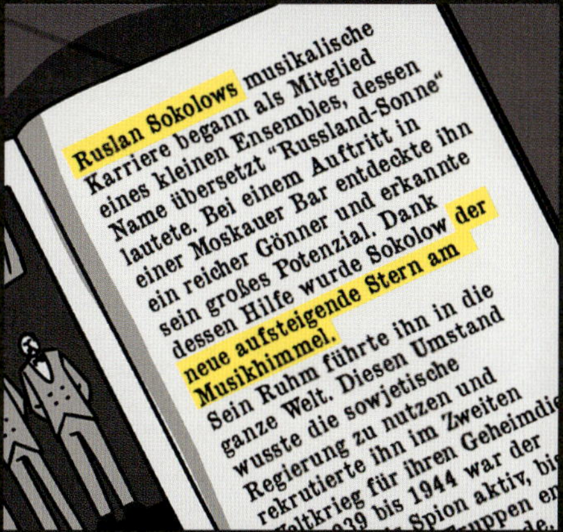

8 In einem der Bücher geht es um einen begnadeten Musiker, der ermordet wurde, weil er als sowjetischer Spion tätig war. Möglicherweise hat ihm das wertvolle Instrument gehört.

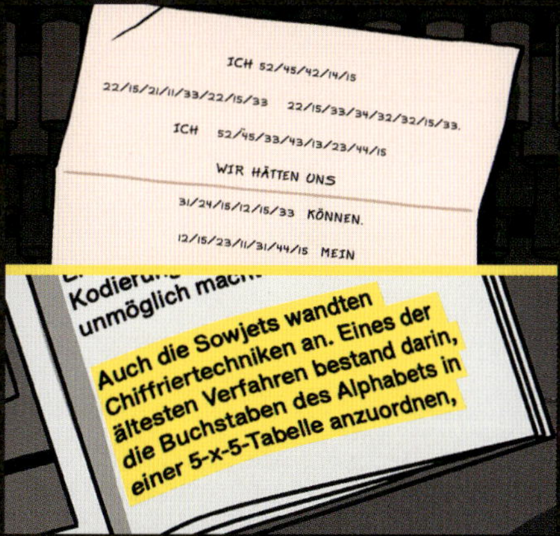

9 Im Klavier war eine codierte Nachricht versteckt. Den entscheidenden Hinweis, um sie zu entschlüsseln, finden wir im Text über sowjetische Kryptografie. Darin wird eine 5-x-5-Tabelle erwähnt.

10 Diese Tabelle hängt an der Wand hinter dem Ehemann des Opfers. Sie ist nur teilweise zu sehen, aber einfach zu rekonstruieren.

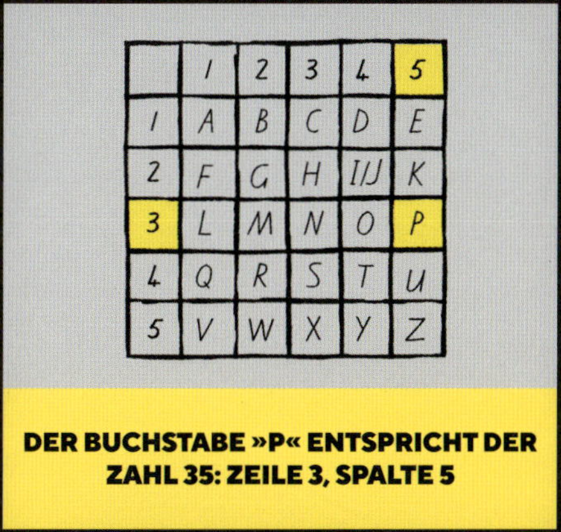

11 Jede Zahl der Nachricht muss demnach für eine Zeilennummer und eine Spaltennummer dieser Tabelle stehen.

12 Auf diese Weise können wir alle Wörter des Briefs entschlüsseln und seinen Inhalt lesen.

LÖSUNG

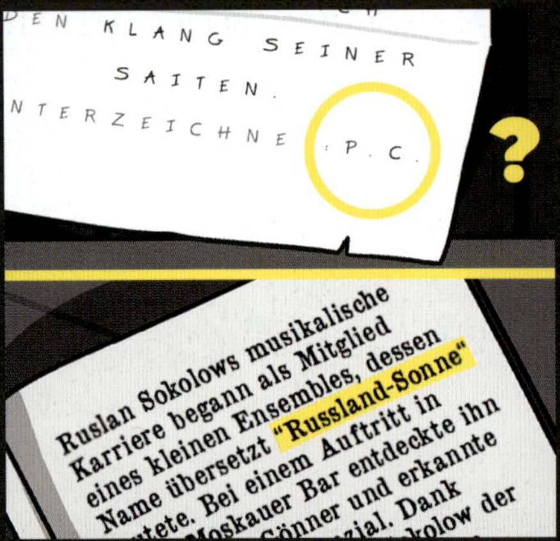

13 »P. C.« spielte demnach ein Saiteninstrument und wurde gefangen genommen. Er und das Opfer konnten sich nicht lieben. Sofort denken wir an Ruslan Sokolow, aber wieso die Initialen P. C.?

14 Der Name seines ersten Ensembles war Russland-Sonne. Auf dem Banner steht er in kyrillischen Buchstaben: Россия Солнце. Das »R« wird dort also wie ein »P« und das »S« wie ein »C« geschrieben.

15 Im kyrillischen Alphabet lauten die Initialen von Ruslan Sokolow daher »P. C.« – und genau so unterzeichnet er den Brief.

16 Dem Foto aus dem Klavier nach zu urteilen, muss der Ehemann des Opfers ein Nazi gewesen sein. Er trägt dasselbe Abzeichen wie der Uniformierte im Geschichtsbuch.

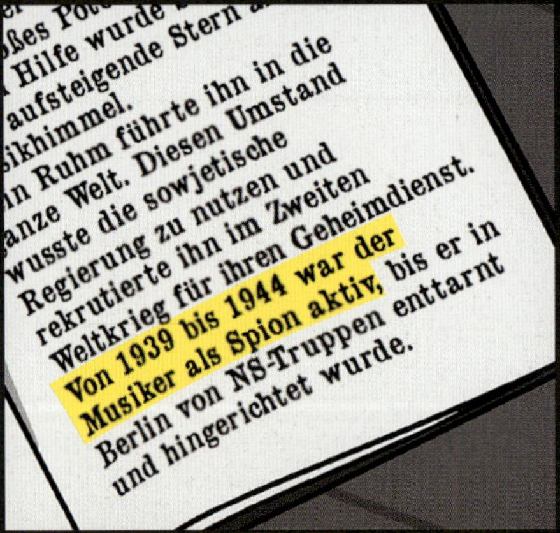

17 Und darum war ihre Liebe zu dem russischen Musiker unmöglich: Sie war die Frau eines Nazis und er ein sowjetischer Spion.

18 Vor seiner Hinrichtung vermachte er ihr sein Instrument – eine wertvolle Rarität, da Ruslan eine bedeutende Persönlichkeit seiner Zeit war. Bislang wissen wir nur, dass es sich um ein Saiteninstrument handeln muss. Im Raum befinden sich vier.

19 Laut Aussage des Ehemanns wurde nichts gestohlen. Wir müssen deshalb davon ausgehen, dass eines der Instrumente eine Fälschung ist, die der Mörder gegen das echte Stück ausgetauscht hat. Aber welches?

20 Um diese Frage zu beantworten, müssen wir das Fachbuch über Instrumente konsultieren. Darin werden die Schalllöcher der Geige in Form eines kursiven »f« beschrieben. Bei der Geige am Tatort sind die »f« jedoch verkehrt herum. Sie ist eine Fälschung.

DIE ERMORDUNG DER MUSIKLEHRERIN

REKONSTRUKTION DES TATHERGANGS

Patrick Dollinger nimmt schon seit einiger Zeit Klavierstunden bei einer älteren Dame. Neben Patrick empfängt sie jede Woche bei sich zu Hause noch weitere Schüler zum Einzelunterricht. Eines Tages fragt er sie nach den Instrumenten, die in einem Regal im Musikzimmer ausgestellt sind, und erfährt, dass sich darunter eines von großer historischer Bedeutung befindet, das sehr wertvoll ist. Patrick schmiedet einen Plan, um es zu stehlen.

Zu einer der nächsten Stunden bringt er in seinem Rucksack eine Kamera und einen größeren Geldschein mit. Diesen gibt er der Lehrerin am Ende der Stunde, damit sie das Zimmer verlassen muss, um Wechselgeld zu holen. Diese Gelegenheit nutzt Patrick dazu, mit seiner Kamera Fotos von den Instrumenten zu machen. Er will sie einem Experten zeigen, um herauszufinden, welches davon das wertvolle Instrument ist.

Der Fachmann identifiziert die Geige als Instrument von Ruslan Sokolow, einem legendären russischen Geiger, der hingerichtet wurde, weil er als Spion der sowjetischen Regierung gearbeitet hatte. Weder Patrick noch der Experte ahnen jedoch die ganze Geschichte. Tatsächlich war die Musiklehrerin während des Zweiten Weltkriegs nicht nur die Ehefrau eines hochrangigen Nazis, sondern auch die Geliebte von Ruslan Sokolow. Nachdem dieser von den Deutschen gefasst worden war, gelang es ihm, ihr einen letzten Brief zukommen zu lassen, mit dem er ihr seine Geige als einzige Erinnerung an eine unmögliche Liebe vermachte.

Sobald das wertvolle Stück identifiziert ist, lässt Patrick eine Nachbildung der Geige anfertigen, um sie gegen das Original auszutauschen. Hierzu schlägt er ein Fenster ein und steigt in das Haus der Musiklehrerin ein. Diese kommt jedoch früher als gedacht zurück nach Hause und ertappt ihren Schüler auf frischer Tat. Patrick hat keine Wahl: Er muss handgreiflich werden, um fliehen zu können. Die alte Dame wehrt sich mit aller Kraft und zwischen beiden entspinnt sich ein wilder Kampf, der damit endet, dass Patrick ihr mit einer E-Gitarre einen kräftigen Schlag auf den Kopf versetzt.

Einige Stunden später kommt der Ehemann der Lehrerin von einer Reise zurück und findet seine Frau tot im Musikzimmer vor. Er alarmiert sofort die Polizei. Nach Abschluss der Untersuchungen ist klar, dass Patrick Dollinger der Täter ist. Er wird festgenommen und wegen Raubes der wertvollen Geige von Ruslan Sokolow sowie wegen Mordes an der Musiklehrerin angeklagt.

Fall 12

BRAND IN DER KÜCHE

UNFALL ODER MORD?

Eigentlich hattest du heute vor, dir ein leckeres Abendessen in einem Restaurant zu gönnen, das dir ein Bekannter empfohlen hat. Bei deiner Ankunft erfährst du jedoch von einem Polizisten am Eingang, dass das Lokal geschlossen ist. Offensichtlich gab es einen Brandunfall, bei dem ein Küchenhelfer ums Leben kam.

Du bist zwar nicht im Dienst, zeigst aber trotzdem kurz entschlossen deine Dienstmarke, um den Tatort betreten zu dürfen. Bestimmt kannst du den ermittelnden Beamten helfen herauszufinden, was genau sich dort zugetragen hat. War es tatsächlich ein Unfall oder gab es einen Mord? Nimm alle Details genau unter die Lupe, rekonstruiere die Geschehnisse und löse den Fall.

In Zusammenarbeit mit Ecoembes

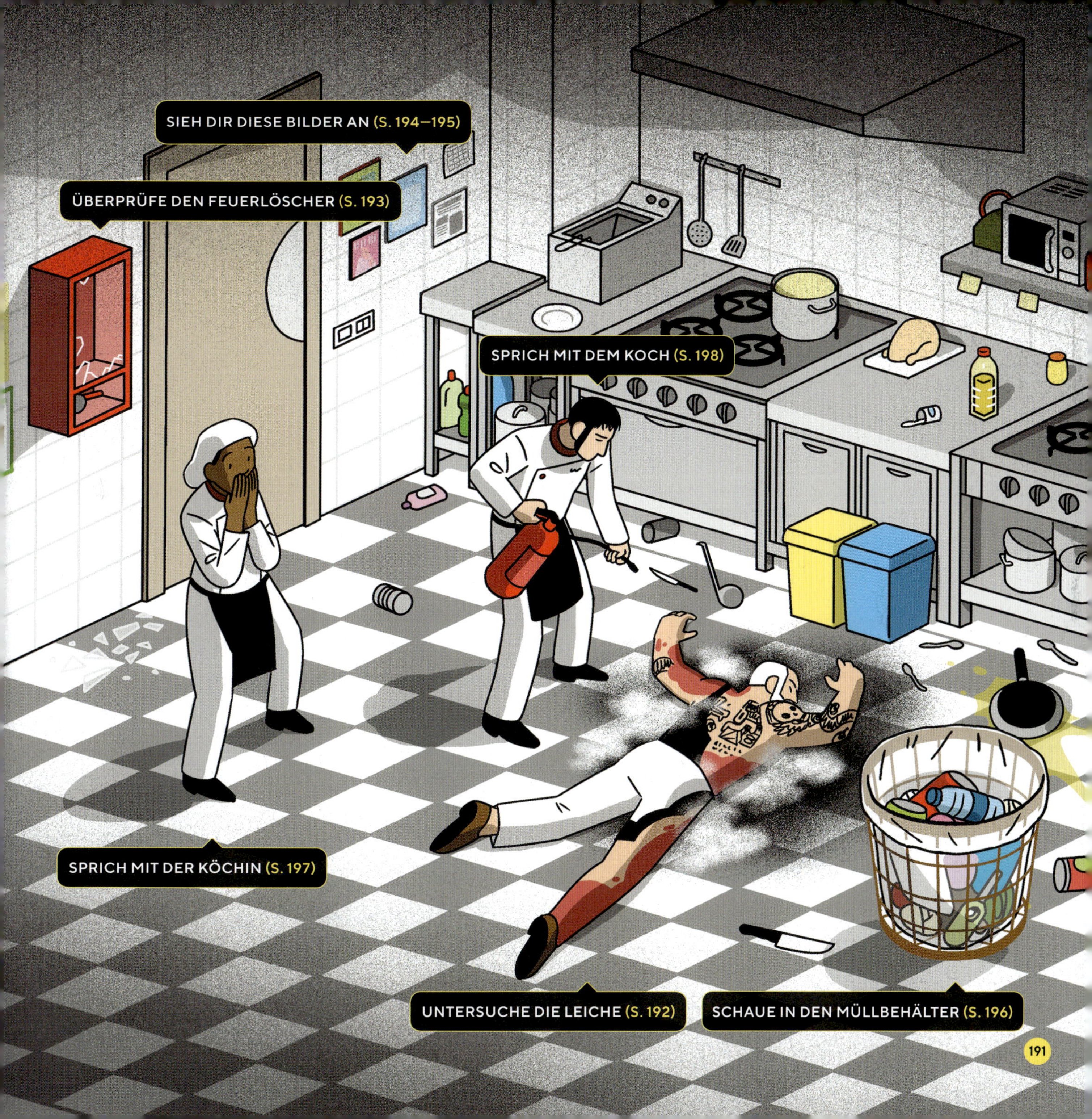
SIEH DIR DIESE BILDER AN (S. 194–195)
ÜBERPRÜFE DEN FEUERLÖSCHER (S. 193)
SPRICH MIT DEM KOCH (S. 198)
SPRICH MIT DER KÖCHIN (S. 197)
UNTERSUCHE DIE LEICHE (S. 192)
SCHAUE IN DEN MÜLLBEHÄLTER (S. 196)

A17
N17
15
A1
N1

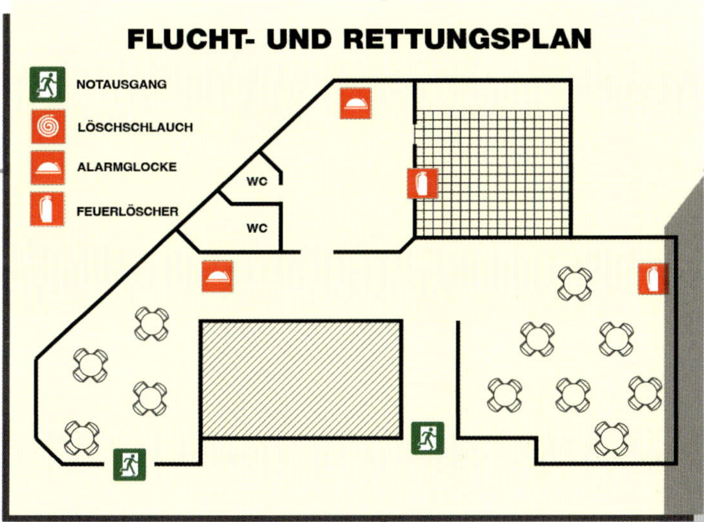

REGELN FÜR MEHR UND BESSERES RECYCLING IN DER PIZZERIA TARENTINA

ecoembes
El poder de la colaboración

Um einen aktiven Beitrag zum Umweltschutz zu leisten, haben wir uns in dieser Pizzeria dem Recycling verschrieben. Alle Mitarbeiter*innen müssen nachstehende Vorgaben einhalten.

Gez.: Küchenchef Lombardi.

IN DEN GELBEN BEHÄLTER

IN DEN BLAUEN BEHÄLTER

IN DEN BRAUNEN BEHÄLTER

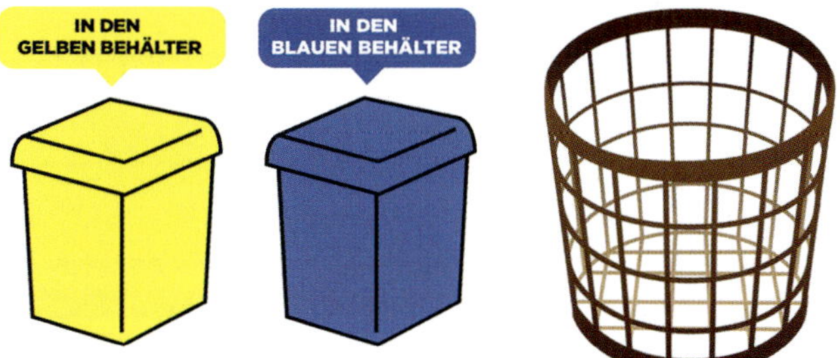

DOSEN, TETRA PAKS UND PLASTIK-VERPACKUNGEN

VERPACKUNGEN AUS PAPIER UND KARTON

BIOMÜLL*

* KEINE DOSEN, FLASCHEN, KEHRSTAUB, ZIGARETTEN-STUMMEL, ASCHE, PFLASTER, KLEBEBAND, VERBANDS-MATERIAL, WATTE ...

Küchenchef Sandro Lombardi schwört auf Recycling
„Mein gesamtes Team ist für das Thema Recycling sensibilisiert und achtet darauf, Verpackungsmüll und andere Abfälle korrekt zu trennen. Im Restaurant nutzen wir hierfür drei verschiedene Behälter: einen gelben für Dosen, Tetra Paks und Plastik, einen blauen für Papier und Karton und einen braunen für Biomüll. Bei uns im Restaurant fällt vor allem Letzteres an, daher ist der braune Behälter der größte. Mit unserem Einsatz fürs Recycling möchten wir die Umwelt schonen.“
ecoembes

EATING OUT
NOVEMBER 2019
DIE 10 BESTEN ITALIENISCHEN PIZZERIAS
SANDRO LOMBARDI, KÜCHENCHEF DER PIZZERIA TARENTINA

1. Septembe
FOTOREPORTAGE: HIER ENTSTEHEN ERFOLGSREZEPTE
Ein Blick in die besten R
Hotelküchen der Stadt

Schwarze Chronik

13. September 2000

Die makabre Geschichte des "Tätowierers": Küchenchef der berühmten Pizzeria Tarentina und Serienmörder

In Geheimschrift tätowierte er allen Opfern seinen Schurkennamen auf die Haut

BACKOFEN
SPRAY
50cl

Audio-Hinweis
Die Aussage der Köchin wird einige Fragen klären. Scanne den QR-Code und frage sie, was sie beobachtet hat.

Falls du keine Internetverbindung hast, findest du auf Seite 217 eine Transkription der Zeugenaussage.

Audio-Hinweis
Sprich mit dem Koch, um herauszufinden, was er weiß. Vielleicht erfährst du von ihm etwas Neues. Scanne den QR-Code, um seine Aussage zu hören.

Falls du keine Internetverbindung hast, findest du auf Seite 218 eine Transkription der Zeugenaussage.

ZUSATZHINWEISE

Eigentlich benötigst du diese Hinweise nicht, um den Fall zu lösen, aber wenn du das Gefühl hast, dass deine Ermittlungen in eine Sackgasse geraten sind, können sie dir helfen, wieder Bewegung in die Sache zu bringen. Lies aber nicht alle Hinweise auf einmal, gehe sparsam damit um. Vielleicht bringt dich ja schon einer auf die richtige Spur und zur Lösung des Rätsels. Viel Erfolg!

ZUSATZHINWEIS 1

Zunächst solltest du erkennen, dass die Tätowierung des Opfers dem Flucht- und Rettungsplan des Restaurants entspricht. Es handelt sich um eine Karte. Die Schlange darauf nimmt den direkten Weg in die Küche.

ZUSATZHINWEIS 2

Stell dir den Küchenboden als Schachbrett vor und konzentriere dich auf die Karte, die auf den Rücken des Opfers tätowiert ist. Die Ecken sind mit A-1, A-17, N-1 und N-17 bezeichnet. Damit ist klar, wie gezählt werden muss, um jedem Feld einen Code zuzuweisen. Und auch wenn im Tattoo auf den ersten Blick die Zahl 15 stehen mag, heißt es tatsächlich I-5. Wo befindet sich diese Bodenfliese?

ZUSATZHINWEIS 3

Wenn wir es tatsächlich mit einem Mord zu tun haben, müssen wir die Tatwaffe finden. Beim Vergleich des Tatorts mit dem Küchenfoto in der Zeitschrift *Der Topfgucker* wirst du feststellen, dass sich zwei Utensilien, die zusammen eine tödliche Waffe ergeben, nicht mehr an ihrem üblichen Platz befinden.

LÖSUNG

Sichten wir alle Beweise und schreiten zur Aufklärung des Falls:

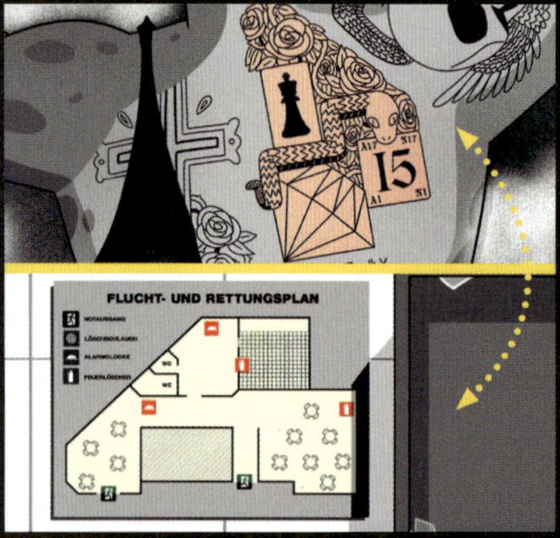

1 Als Erstes müssen wir erkennen, dass die Tätowierung der Leiche dem Flucht- und Rettungsplan entspricht. Es handelt sich um eine Karte.

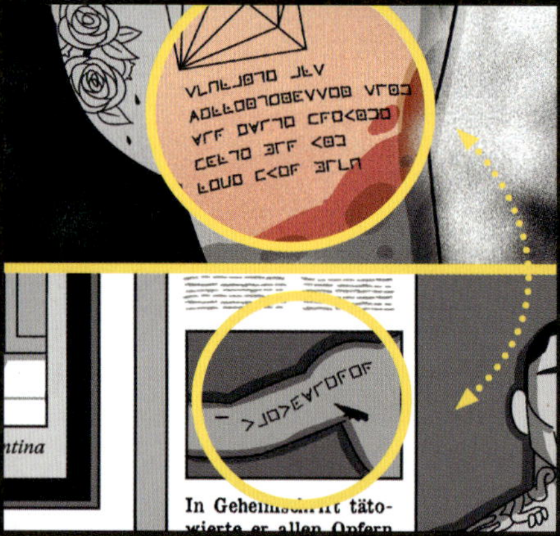

2 Außerdem gibt es einen Text in Symbolschrift, ähnlich der, die der »Tätowierer« früher verwendet hat.

3 Aber das Opfer ist nicht der »Tätowierer«, denn der sitzt lebenslänglich in Haft. Außerdem kann man sich selbst nichts auf den Rücken tätowieren.

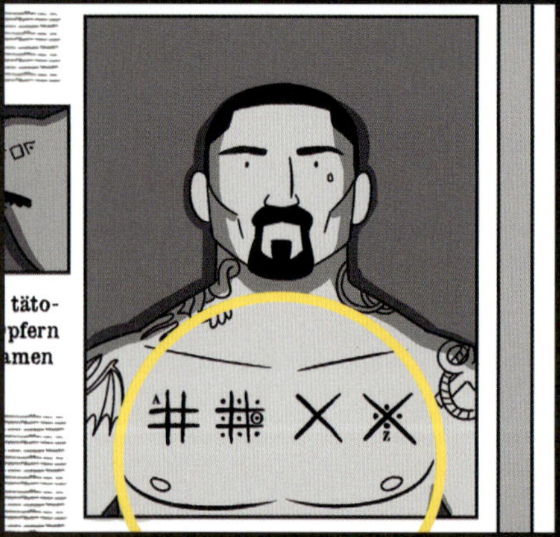

4 Entschlüsseln wir den Text mithilfe des Codes, der auf der Brust des »Tätowierers« zu finden ist.

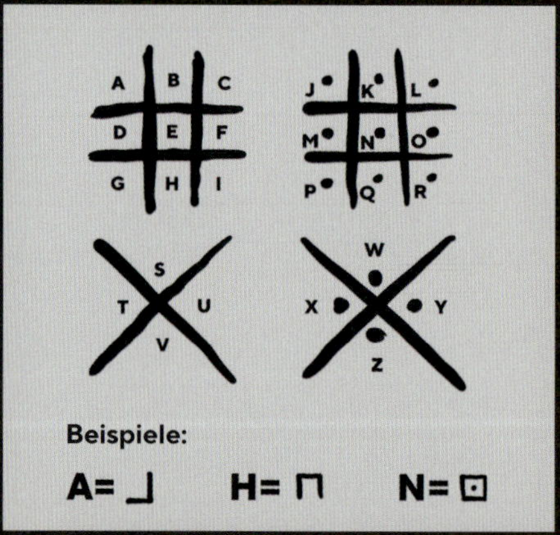

5 Jedes Feld dieser Raster entspricht einem Buchstaben des Alphabets.

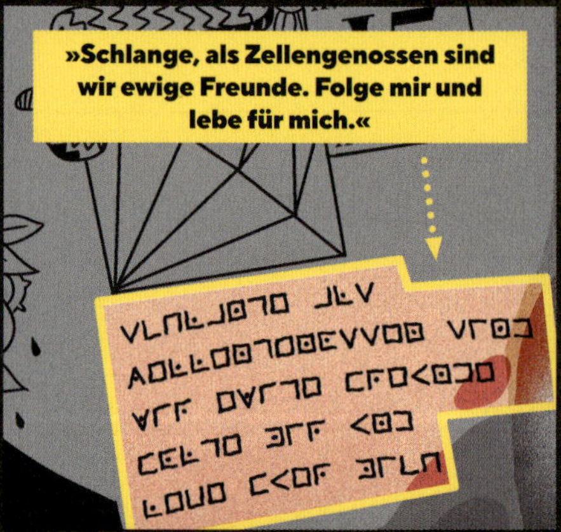

6 Wir entnehmen dem Text, dass das Opfer der Zellengenosse des »Tätowierers« war.

7 Der »Tätowierer« nennt ihn »Schlange« (auf dem Tattoo ist eine abgebildet) und fordert ihn auf, ihm zu folgen (er zeigt ihm einen Ort).

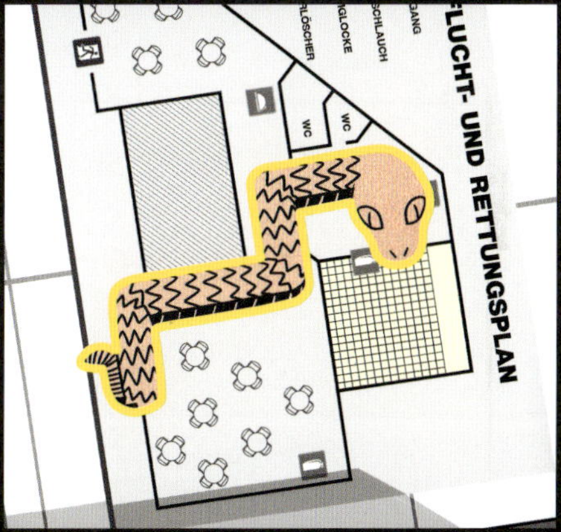

8 Die Schlange auf dem Plan zeigt auf die Küche des Restaurants.

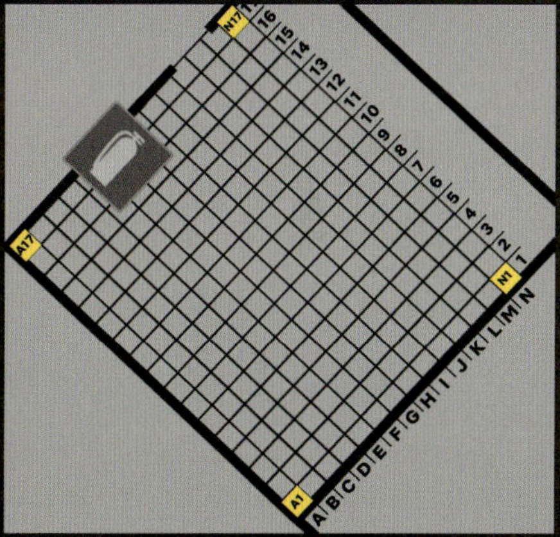

9 In der Tätowierung finden wir einen weiteren Code, der die Position der Fliesen angibt.

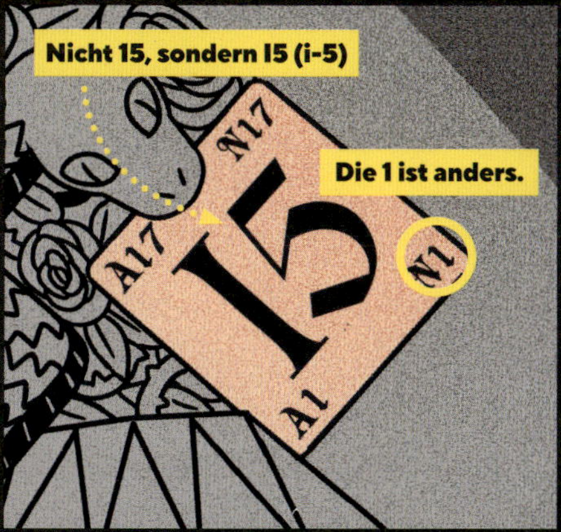

10 In der Mitte sehen wir vermeintlich die Zahl 15, aber tatsächlich steht dort die Positionsangabe I-5 (die Einsen haben eine andere Form).

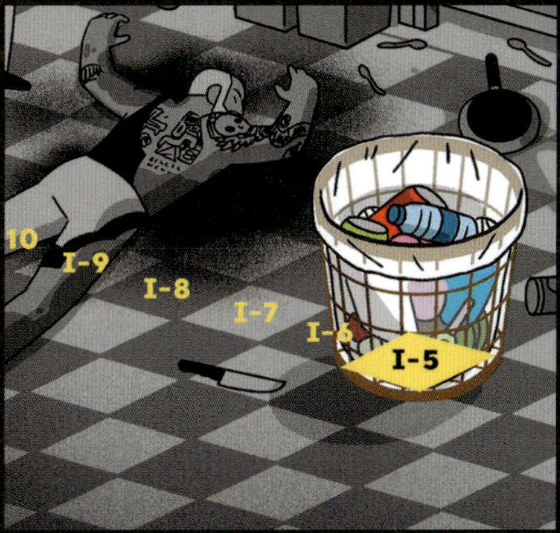

11 Auf der Position I-5 befindet sich der braune Müllbehälter.

12 Laut der Köchin wurde die Beute des »Tätowierers« nie gefunden. Offensichtlich hatte er es unter dieser Fliese versteckt.

LÖSUNG

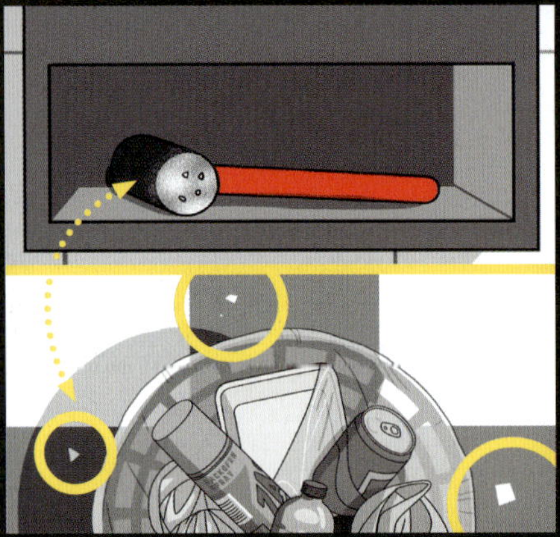

13 Auf dem Notfallhammer ist weißer Staub zu sehen und auf dem Boden befinden sich kleine weiße Splitter. Das Opfer hat die Bodenfliese zertrümmert.

14 Wer aber ist ihm dann in die Quere gekommen? Es besteht kein Zweifel daran, dass der Koch lügt, denn hätte sich das Huhn tatsächlich im Topf befunden, wäre die Brühe darin übergeschwappt.

15 Und wenn er »Schlange« beim Zertrümmern der Fliese überrascht hat? Vielleicht ist es zu einem Kampf gekommen. Aber wie ging das Opfer dann in Flammen auf?

16 Der Anzünder hängt nicht mehr an seinem Platz, sondern liegt jetzt im Mülleimer.

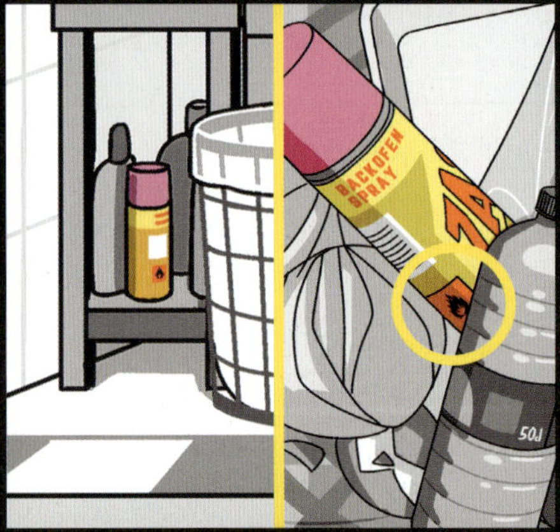

17 Dasselbe gilt für das Backofenspray, das laut Warnhinweis auf der Dose hochentzündlich ist. Zusammen eingesetzt, können Anzünder und Spray eine gewaltige Flamme erzeugen und damit eine mächtige Abwehrwaffe bilden.

18 Warum aber lügt der Koch, wenn er sich nur selbst verteidigt hat? Er hat den Müllbehälter auf die kaputte Fliese geschoben – um das Geld selbst zu behalten.

19 Die anderen beiden Müllbehälter sind zu klein, um die Fliese komplett abzudecken.

20 Dieser Behälter ist zwar größer, aber einsehbar. Und er war leer. Marcelo musste ihn mit allen möglichen Dingen befüllen, damit das Loch im Boden nicht zu sehen war. Auch wenn er damit gegen das ihm bestens vertraute Recyclingkonzept verstoßen hat.

BRAND IN DER KÜCHE

REKONSTRUKTION DES TATHERGANGS

Um die Jahrtausendwende arbeitet in der Pizzeria Tarentina ein Küchenchef mit einem ebenso ungewöhnlichen wie blutigen Hobby: Serienmord. Er nennt sich »Tätowierer«. Seine Opfer sind ausschließlich reiche Geschäftsleute, von denen er große Mengen an Geld erbeutet, das er unter einer Bodenfliese im Restaurant versteckt. Eines Tages wird er geschnappt und zu einer lebenslangen Gefängnisstrafe verurteilt, doch sein Geldversteck gibt er nicht preis. Die Beute befindet sich daher viele Jahre lang unter besagter Fliese in der Pizzeria.

Im Gefängnis schließt er enge Freundschaft mit seinem Zellengenossen, dem er den Spitznamen »Schlange« gibt. Kurz bevor dessen Haftzeit zu Ende geht, sticht ihm der »Tätowierer« eine Karte mit dem Weg zum Versteck seiner millionenschweren Beute auf den Rücken.

Nach seiner Entlassung gelingt es »Schlange«, in genau dieser Pizzeria eine Arbeit als Küchenhelfer zu bekommen. Als er allein in der Küche ist, zertrümmert er mit dem Notfallhammer des Feuerlöschers die auf dem Tattoo bezeichnete Fliese. Wie erwartet liegen darunter Unmengen von Geld. Gerade als er alles an sich nehmen will, wird er von Koch Marcelo überrascht. Um nicht aufzufliegen, versucht er, Marcelo zu töten, und so entspinnt sich ein erbitterter Kampf. Marcelo gelingt es schließlich, an das Backofenspray und den Anzünder zu kommen und damit seinen Angreifer in Brand zu stecken.

Als Marcelo wieder klar denken kann, kommt ihm die Idee, dass er all das Geld genauso gut behalten könnte – schließlich weiß niemand davon. Er muss der Polizei nur den Kampf verschweigen und so tun, als sei das Ganze ein Arbeitsunfall gewesen.

Also stellt er kurzerhand den Biomüllbehälter auf die Fliese, denn nur dieser ist groß genug, um das Loch komplett zu verdecken. Leider handelt es sich um einen durchsichtigen Behälter, der noch dazu leer ist; er muss ihn deshalb mit allen möglichen Lebensmitteln und anderen Dingen befüllen, die er auf die Schnelle finden kann, auch wenn er dadurch gegen das Recyclingkonzept des Restaurants verstößt. Sobald er wieder allein ist, will er das Geld an einen sicheren Ort bringen und die Fliese reparieren. Dann wird er reich sein und niemand wird auch nur den geringsten Verdacht schöpfen.

Er hat jedoch nicht mit der Scharfsinnigkeit der Polizei gerechnet, die am Tatort ermittelt. Marcelo wird festgenommen und muss die strafrechtlichen Konsequenzen seiner Handlungen tragen. Die Tötung wird zwar als Notwehr gewertet, er hat aber eine Falschaussage gemacht und versucht, das Geld zu unterschlagen.

TRANSKRIPTION DES ANRUFS, DER WÄHREND DER ERMITTLUNG AM TATORT EINGEHT (S. 18)

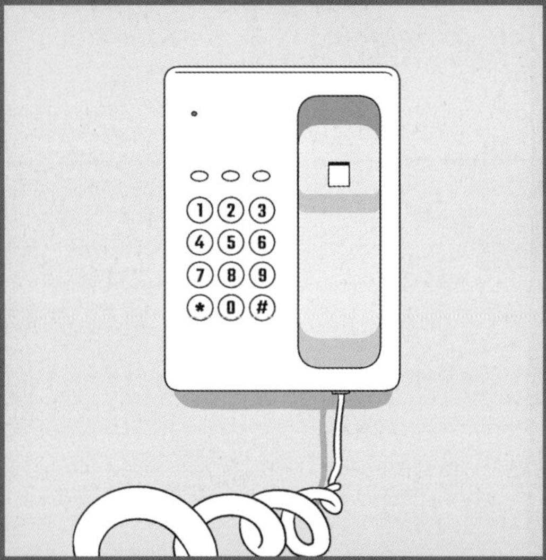

»Hallo, Inspektor, hier die Rezeption. Ich weiß, dass Sie zum Tod von Herrn Richter ermitteln, und möchte Sie über eine Beobachtung einer unserer Reinigungskräfte informieren. Sie meint, ein paar Minuten vor dem Schuss eine Frauenstimme im Zimmer gehört zu haben. Das war so gegen Viertel vor sieben. Leider konnte sie nicht verstehen, worüber gesprochen wurde, aber sie ist sich sicher, dass Herr Richter Besuch hatte. Ich hoffe, diese Information wird Ihnen bei den Ermittlungen helfen. Vielen Dank.«

TRANSKRIPTION DES RADIOBEITRAGS, DER WÄHREND DER ERMITTLUNG GESENDET WURDE (S. 65)

»... Die Nacktfotos der Schauspielerin gingen heute Nachmittag bei den Redaktionen zahlreicher Medien ein. Obwohl bereits über den Skandal berichtet wird, hat sich die Betroffene selbst bislang nicht dazu geäußert.

Um eine Stellungnahme von ihr zu bekommen, stehen wir jetzt vor dem Theater am Forum, wo die Schauspielerin zurzeit in einem Stück zu sehen ist. Allerdings soll sie sich aktuell noch in ihrer Garderobe aufhalten. Und das, obwohl die Vorstellung eigentlich bereits vor einer halben Stunde hätte beginnen sollen. Wir bleiben für Sie dran!

In der Zwischenzeit wollen wir uns etwas genauer mit dieser jungen Schauspielerin beschäftigen, deren Markenzeichen ihre blonden Haare und ihre atemberaubenden Kurven sind. Manche bezeichnen sie als ...«

TRANSKRIPTION DER AUSSAGE DER TOCHTER (S. 94)

»Schauen Sie mal, wie einträchtig und harmonisch wir auf dem Foto wirken. Alles nur Show. Wir alle haben Papa verachtet. Warum? Weil er ein Arschloch war, ein Egoist, ein gieriger alter Snob. Vor allem, seit unsere Mutter gestorben ist. Seitdem gab es für ihn nur noch seine Firma, sein Renommee, sein Geld und …

Entschuldigung, eigentlich hatten Sie ja nach meinem Namen gefragt. Ich bin Marina, Marina Herrmann. Ja, die Tochter des Verstorbenen, die Älteste. Ich war es, die die Leiche entdeckt hat, mit seinem Tod habe ich nichts zu tun.

Also, es war so: Ich war an Deck spazieren, wollte ein bisschen frische Luft schnappen und in Ruhe nachdenken. Das muss so gegen halb neun gewesen sein. Als ich hier vorbeikam, habe ich mich gewundert, dass Papas Aktenkoffer am Beckenrand lag. Und dann ist mir aufgefallen, dass der Pool abgedeckt war. Mir kam das alles total komisch vor, darum habe ich die Abdeckung einfach geöffnet, und da war er, mein Vater … trieb einfach so auf dem Wasser … leblos.

Aber wieso hätte ich ihn töten sollen? Klar, wir erben dann die Firma und sein Vermögen, aber ihm blieb ja ohnehin nicht mehr viel Zeit. Er war schwer krank und schon sehr schwach. Die Ärzte haben ihm nur noch ein paar Wochen gegeben. Mein Bruder hätte mehr von seinem Tod profitiert, er braucht die Kohle ganz dringend – fragen Sie ihn doch mal. Allerdings, als ich ihm Bescheid gab, sagte er, dass er den ganzen Tag schon … na ja … mit dem Üblichen beschäftigt gewesen sei.«

TRANSKRIPTION DER AUSSAGE DES SOHNES (S. 95)

»Guten Tag, ich bin David, der Sohn des Opfers. Sie wollten ja den kompletten Namen meines Vaters wissen. Also, er hieß Leonhard Herrmann Herrmann. Ja, sein zweiter Vorname war identisch mit dem Familiennamen – meine Großeltern fanden das wohl witzig.

Um ehrlich zu sein: Ich habe meinen Vater gehasst, und zwar abgrundtief – genau wie die meisten Leute, die mit ihm zu tun hatten. Trotzdem habe ich ihn nicht umgebracht, das schwöre ich.

Seit ein paar Monaten habe ich persönliche Probleme, und zwar finanzieller Art. Er hätte mir helfen können, diese Probleme zu lösen. Sie wissen ja, dass er stinkreich war. Zuerst hat er mich auch unterstützt, aber kurz darauf dann doch abblitzen lassen. Stellen Sie sich das mal vor – den eigenen Sohn!

Er sagte, meine Probleme würden sich nicht davon in Luft auflösen, dass er mir ständig unter die Arme greift. Ich müsste aus meinen Fehlern lernen und mein Leben selbst wieder in den Griff bekommen. Bla, bla, bla. Und dann hat er mich hängen lassen, der verdammte Mistkerl.

Mir ist schon klar, was Sie jetzt denken werden. Sein Tod rettet mir den Arsch, weil ich einen großen Teil seines Vermögens erbe. Aber ich schwöre Ihnen: Ich hab ihn nicht ermordet.«

TRANSKRIPTION DER AUSSAGE DER SCHWIEGERTOCHTER (S. 96)

»Guten Tag, wie gut, dass Sie zufällig an Bord sind. Ich hoffe wirklich, Sie können diese Angelegenheit aufklären.

Ah, right, mein Name ist Ashley, Ashley Pratt. Ich bin Davids Verlobte. Wir sind ein paar Jahre zusammen schon. Seinen Vater kenne ich allerdings schon länger, weil ich früher auf seinen Schiffen als Stewardess gearbeitet habe. Seit damals, als der Firmensitz in die USA verlegt wurde. Das ist schon einige Zeit her.

Dieser Fleck hier? Oh, das ist Kaffee. Als mir mein Mann die Nachricht geschickt hat, bin ich aus dem Restaurant gerannt und direkt mit Andreas zusammengestoßen, der einen Kaffee dabeihatte.

Ja, mein Verhältnis zu Leonhard war schlecht, aber das war nicht immer so. Als ich früher noch für ihn gearbeitet habe, hat er mich nicht so ... mies behandelt, aber als dann meine Beziehung mit seinem Sohn David anfing, wurde es immer schlimmer. Ich glaube, er dachte, dass ich nur wegen des Geldes mit seinem Sohn zusammen bin. Aber das stimmt nicht. Ich liebe David über alles – das können Sie mir glauben.

Nein, selbstverständlich habe ich Leonhard nicht getötet. Ich hatte nichts gegen ihn. Das Einzige, was mich gestört hat, war, dass er mich so herablassend behandelt hat.«

TRANSKRIPTION DER AUSSAGE DES SCHWIEGERSOHNS (S. 97)

»Mh? Ach so, mein Name: Andreas Winter. Ich bin Marinas Ehemann, also der Schwiegersohn des Opfers.

Als es passiert ist, war ich am anderen Ende des Schiffs und hatte mir gerade einen Kaffee geholt. Ich stand über die Reling gelehnt und sah den Spuren des Kielwassers nach. Das entspannt mich einfach total.

Dann, so gegen 20.35, bekomme ich eine Nachricht von meiner Frau, dass sie ihren Vater tot aufgefunden hat. Daraufhin bin ich gleich losgerannt, um so schnell wie möglich bei ihr zu sein. Ich war so schnell unterwegs, dass ich mit Ashley zusammengestoßen bin und meinen Kaffee auf ihrer Bluse verschüttet habe. Sie kam nämlich gerade aus dem Restaurant, weil sie ebenfalls von Leonhards Tod erfahren hatte.

Na ja, wahrscheinlich haben Sie es sowieso schon gehört: Mein Schwiegervater und ich haben uns nicht gut verstanden. Er wollte mich raus aus der Familie haben. Verlangte von mir, dass ich mich von seiner Tochter trenne, und drohte mir damit, gewisse Dinge ans Tageslicht zu bringen ... persönliche Dinge, nichts Schlimmes, verstehen Sie mich bitte nicht falsch. Es ging einfach nur um eine Privatangelegenheit.

Sie sagen, dass mehrere Angestellte beobachtet hätten, dass ich dem Opfer gefolgt bin? Und das über mehrere Stunden? Ja, ich geb's zu – Sie haben recht. Ich bin ihm heute eine Zeit lang nachgegangen, weil ich an seinen Koffer wollte, um mir gewisse Unterlagen zu holen. Es geht dabei um die Sache, die ich vorhin angedeutet habe. Aber der Alte hat den Koffer keine Sekunde aus den Augen gelassen. Letzten Endes habe ich es dann aufgegeben. Aber in der Zeit, während ich ihm gefolgt bin, ist mir nichts Ungewöhnliches aufgefallen. Ich habe keinen blassen Schimmer, wer ihn umgebracht haben könnte. Und was mich anbelangt, schwöre ich bei allem, was mir heilig ist, dass ich nichts damit zu tun habe.«

TRANSKRIPTION DER NACHRICHT DER INSPEKTORIN, DIE ÜBER DAS FUNKGERÄT EINGEHT (S. 116)

»Juánez, ich wollte dir kurz berichten, was ich jetzt in Erfahrung gebracht habe. Die Leiche wurde heute am frühen Morgen von einem Fensterputzer entdeckt. Er ist gerade hier zur Befragung.

Dann habe ich Adriáns Partner angerufen, Sofía und Santiago. Beide haben ausgesagt, dass Adrián noch gearbeitet habe, als sie am späten Nachmittag das Büro verlassen hätten. Angeblich war er den ganzen Tag über komisch, aber sie dachten, das läge daran, dass sie einen wichtigen Fall verloren hätten. Sie wären nie auf die Idee gekommen, dass er sich umbringen könnte.

Wenn du mich fragst: Sie waren beide wirklich erschüttert, als ich ihnen die Nachricht überbracht habe. Sofía war wohl vor einigen Jahren mal mit ihm zusammen. Und Santiago hat gesagt, dass er seit ein paar Monaten Witwer ist und sich seitdem sehr auf seine Freundschaft mit Adrián gestützt hat.

So weit der aktuelle Stand – mal sehen, was wir noch herausbekommen. Ich geb dir Bescheid, wenn sie da sind.«

TRANSKRIPTION DES GESPRÄCHS ZWISCHEN KOMMISSAR VALENTÍN UND JORGE ELÍAS BEI DEN ERMITTLUNGEN (S. 134)

KOMMISSAR VALENTÍN:
»Und sieht das für dich nach irgendeinem Superhelden aus?«

JORGE ELÍAS:
»Hm, weiß nicht. Ich hatte an Captain America gedacht. Im Comic war er eingefroren, als die Avengers ihn fanden. Könnte sein, dass diese Szene hier nachgestellt wurde. Außerdem haben wir da hinten die amerikanische Flagge.«

KOMMISSAR VALENTÍN:
»Klingt schlüssig. Aber hier liegt kein Comic-Ausschnitt herum, oder? Unser Mörder lässt immer einen am Tatort zurück.«

JORGE ELÍAS:
»Sieht nicht danach aus. Und noch etwas passt nicht: Eigentlich stellen die Verbrechen ja die Entstehung der Superhelden nach. Aber das hier ist nicht der Ursprung des Captain. Captain America wird geboren, als er das Supersoldatenserum injiziert bekommt – und nicht, als er eingefroren wird. Es würde mich echt wundern, wenn dem Mörder ein derartiger Fehler passiert wäre. Ehrlich gesagt glaube ich, das hier hat nichts mit den anderen Fällen zu tun.«

KOMMISSAR VALENTÍN:
»Dann lass uns trotzdem versuchen herauszufinden, was passiert ist. Ah, Norma hat uns eine Sprachnachricht geschickt:«

NORMA:
»Also, Jungs, die Leiche wurde von Alma gefunden, der Hausbesitzerin. Sie war am Telefon ziemlich aufgelöst und meinte, ihr sei der Gefrierschrank in der Küche kaputtgegangen, und als sie daraufhin die Gefriertruhe im Keller hernehmen wollte, hätte sie die gefrorene Leiche entdeckt. Sie war überzeugt, dass es sich um ihren Sohn handelt, der in Boston lebt, aber ich habe schon mit ihm gesprochen. Es geht ihm gut – er lebt. Also, seht euch mal um und gebt mir Bescheid.«

TRANSKRIPTION DER SPRACHNACHRICHTEN DER EHEFRAU DES OPFERS (S. 168)

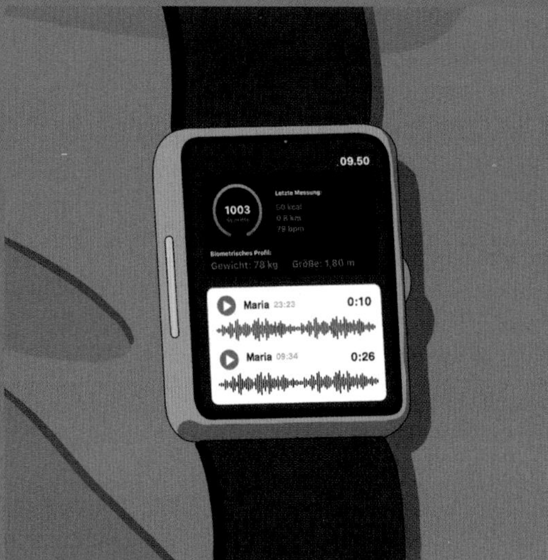

NACHRICHT 1:
»Ich hab dir nichts mehr zu sagen, Lars! Dass du deiner Mitarbeiterin an die Wäsche gegangen bist, ist der Tropfen, der das Fass zum Überlaufen bringt. Es ist aus, ich will die Scheidung!«

NACHRICHT 2:
»Lars, geht's dir gut? Ich habe gehört, dass ein Arzt aus deiner Klinik Selbstmord begangen hat. Jemand aus seinem Team soll die Leiche gefunden haben und dazu einen Umschlag mit einem Abschiedsbrief. Bitte, bitte, melde dich, sag mir bitte, dass du das nicht warst. Wenn du diese Nachricht hörst, lass mich bitte wissen, dass es dir gut geht. Bitte ...«

TRANSKRIPTION DER LETZTEN UNTERRICHTSSTUNDE DES OPFERS (S. 180)

[Wir hören die letzten Töne eines Klavierstücks. Der Schüler spielt die Noten C, C, D.]

LEHRERIN:
»Sehr gut. Das war's für heute.«

SCHÜLER:
»Danke. Also irgendwann würde ich echt gerne noch ein anderes Instrument lernen. Könnten Sie mir nicht mal eine Stunde mit einem von denen dort drüben geben? Sie haben ja echt viele ...«

LEHRERIN:
[Lacht] »Nein, das geht nicht. Du weißt doch: Diese Instrumente sind allesamt Ausstellungsstücke und nicht zum Spielen gedacht. Sie sind schon sehr alt und stammen aus der Zeit, bevor ich nach Frankfurt kam. Ich glaube, ich hab dir schon erzählt, dass eins davon eine echte Rarität ist. Und sehr wertvoll.«

SCHÜLER:
»Wirklich? Sie müssen mir unbedingt mal erzählen, was es damit auf sich hat.«

LEHRERIN:
»Gern, aber ein andermal.«

SCHÜLER:
»Schade. Dann hier das Geld für die Stunde.«

LEHRERIN:
»Ah, ja ... Uh, hast du es nicht kleiner? Warte, ich hole Wechselgeld.«

[Wir hören Schritte, die sich entfernen, dann das Geräusch eines Reißverschlusses und schließlich mehrfach den Blitz einer Kamera.]

TRANSKRIPTION DER AUSSAGE DES EHEMANNS DER ERMORDETEN (S. 182)

»Also mir kommt das alles sehr merkwürdig vor. Ich habe das Zimmer gründlichst unter die Lupe genommen, aber es wurde nichts gestohlen. Was wollten die Täter dann hier? Sie einfach nur ermorden? Das ergibt keinen Sinn, sie hatte mit niemandem Probleme.

Als ich heute Morgen von meiner Reise zurückgekehrt bin, war es noch ziemlich früh. Ich hatte eigentlich damit gerechnet, dass sie noch im Bett liegen würde. Um diese Zeit schläft sie nämlich immer noch. Stattdessen fand ich sie hier tot auf dem Boden. Und sie trug noch nicht einmal ihren Schlafanzug – also muss das alles schon gestern Abend passiert sein, noch bevor sie schlafen ging. Der Mörder hatte also die ganze Nacht Zeit, uns auszurauben – aber er hat überhaupt nichts mitgenommen. Haben Sie eine Erklärung?«

TRANSKRIPTION DER AUSSAGE DER KÖCHIN (S. 197)

»Nein, ich habe nichts gesehen. Ich bin erst gekommen, nachdem es passiert war. Es ist so schrecklich! Der Arme hat erst vor ein paar Tagen hier angefangen.

Als hätte es der Tod auf dieses Restaurant abgesehen ... Ich weiß nicht, ob Sie über den Serienmörder Bescheid wissen, der vor 20 Jahren hier gearbeitet hat; sie nannten ihn den ›Tätowierer‹. Er hat damals mehrere bekannte Unternehmer getötet und ausgeraubt. Es hieß, er hätte eine fette Beute gemacht, aber das Geld wurde nie gefunden. Eines Tages haben sie ihn dann geschnappt und er hat ›lebenslänglich‹ bekommen. Für die Leute, die damals hier im Restaurant gearbeitet haben, muss das ein schwerer Schlag gewesen sein. Stellen Sie sich das mal vor!

Oh meine Güte, und jetzt das! Da ist noch was, schauen Sie mal, mir fällt gerade auf, dass er hier auch am ganzen Körper tätowiert ist. Unter der Arbeitskleidung hat man das gar nicht gesehen. Meinen Sie, er könnte etwas mit dem ›Tätowierer‹ zu tun haben?«

TRANSKRIPTION DER AUSSAGE DES KOCHS (S. 198)

»Wissen Sie, das ging alles so schnell. Ich bin heute ein bisschen früher zur Arbeit gekommen, und da war er schon am Kochen. Alles war ruhig. Ich habe dann ein Huhn gegart, und genau in dem Moment, als ich es aus dem Topf genommen habe, hörte ich einen Schlag. Es muss die Pfanne gewesen sein, die auf dem Boden aufschlug. Als ich mich umgedreht habe, stand sein Körper schon in Flammen. Ich weiß nicht, wie es dazu kam, vielleicht hat er die Pfanne versehentlich umgestoßen oder ist gestolpert ... vielleicht hat auch das Öl angefangen zu brennen oder ... ich weiß es nicht, ich weiß es einfach nicht ... Die Flammen sind an ihm hochgelodert und er hat sich auf den Boden geworfen und herumgewälzt, um sie zu ersticken ... aber es war schon zu spät. Und ich ... ich war für ein paar Sekunden wie gelähmt, natürlich stand ich unter Schock. Sobald ich wieder zu einer Reaktion fähig war, bin ich zum Feuerlöscher gerannt und konnte schließlich auch den Brand löschen, aber da hat er sich schon nicht mehr geregt. Er war bereits tot. Oh Gott, was für ein Albtraum!«

BETRETEN VERBOTEN • TATORT
BETRETEN VERBOTEN • TATORT • BETRETEN VERBOTEN • TATORT

ÜBER DEN AUTOR

Modesto García ist Grafikdesigner und Content Creator. Bei einem Thread-Wettbewerb von Twitter im Rahmen der Madrider Buchmesse 2018 gewann er zwei erste Preise (für den besten Fiction Thread und den viralsten Thread). Die Geschichte, bei der über Twitter ein fiktives Verbrechen aufgeklärt wurde, erhielt Hunderttausende Likes und Retweets. BBC international berichtete in einer Reportage darüber.

Im Anschluss daran machte er sich an die Entwicklung eines zweiten Fiction Threads mit dem Titel #RedMonkey, diesmal in Zusammenarbeit mit Manuel Bartual. Gemeinsam mit Schauspielern, Fachleuten für Spezialeffekte und anderen Experten entwarfen sie eine transmediale Geschichte, die alle Erwartungen übertraf: Sie wurde millionenfach aufgerufen und in mehreren Ländern auch in der Presse erwähnt.

2019 entwarfen Manuel Bartual und Modesto García für Playz, den Onlinedienst des staatlichen spanischen Fernsehens RTVE, den ersten interaktiven Escape Room. Unter dem Hashtag #ElGranSecuestro konnten die User den Entführten Tipps für ihre Befreiung geben.

Im Jahr 2020, während der Pandemie, startete Modesto García dann mit seinen Kriminalfällen #CrimenesIlustrados ein neues interaktives Fiction-Format, das voll einschlug. Hieraus entstand zunächst eine App und später das vorliegende Buch.

Modesto García entwickelt Content für Netflix, Penguin, Random House, RTVE und Buzzfeed. Auf seinen diversen Social-Media-Kanälen folgen ihm über 150.000 Personen.

DANKSAGUNG

Dieses Projekt entstand als interaktives Spiel für soziale Netzwerke. Das Angebot, es in Papierform zu veröffentlichen, erhielt ich erst Monate später. Auf dem Weg dorthin haben mich viele Personen unterstützt, aber ich möchte am Ende beginnen und zuerst meinem Verleger Alberto Marcos danken. Er hat in diesem Konzept etwas Neuartiges und Besonderes gesehen, das es wert war, in ein so faszinierendes Objekt wie ein Buch verwandelt zu werden.

Tiefe Dankbarkeit empfinde ich auch gegenüber Javi de Castro, der alle Illustrationen dieser Ausgabe erstellt hat. Ich bin der festen Überzeugung, dass dieses Projekt nicht so weit gediehen wäre, wenn Javi und ich uns nicht über den Weg gelaufen wären. Er ist einer der talentiertesten Zeichner, die ich kenne, und hat jeder der von mir erdachten Geschichten eine ganz besondere Kreativität, Ausdrucksstärke und Magie eingehaucht.

Eine weitere tragende Säule des Projekts war meine Kollegin und Freundin Marina Casado, mit der ich viele Stunden am Telefon zubrachte, um meine kreativen Blockaden zu lösen und sämtlichen Kriminalgeschichten die perfekte Form und den letzten Schliff zu verleihen. Es waren ihre Ideen, die Spannung und Nervenkitzel in die Fälle brachten.

Und auch wenn es nach einem Klischee klingt, der eigenen Familie zu danken: Für mich war die familiäre Unterstützung wirklich von ganz grundlegender Bedeutung. Ich habe das Glück, sehr intelligente und einfallsreiche Eltern und Geschwister zu haben. Sie haben mir geholfen, Material zu sammeln und die kriminalistischen Ansätze auf ihre Praxistauglichkeit zu testen. Außerdem haben sie mich bereitwillig bei vielen Brainstormings unterstützt.

Auch andere Menschen haben einen unverzichtbaren Beitrag zu diesem Projekt geleistet: Sie waren immer am anderen Ende der Telefonleitung, wenn ich einen zweiten kreativen Kopf gebraucht habe, um mich über eine Idee auszutauschen. Darüber hinaus haben sich diese Personen auch als Versuchskaninchen zur Verfügung gestellt, um die Fälle vor ihrer Veröffentlichung zu testen.

Durch ihre Kommentare und Vorschläge konnten viele Unstimmigkeiten entdeckt und Verbesserungen vorgenommen werden. Danke, Manuel Bartual, Paul Pen, Cristina Ferglez, Ángela de la Vega und Victor Santiago.

Mit ihren Stimmen haben auch Schauspieler*innen und Sprecher*innen ihren Teil dazu beigetragen, die Figuren zum Leben zu erwecken. Mein Dank (für die spanische Originalausgabe) geht an Nikki García, Ingrid García-Jonsson, Toni Acosta, Alejandro Albarracín, Miguel Diosdado, Natalia Rodríguez, Álvaro Monje, Victor León, Gillian Apter, Carles Cuevas, Rubén Santos und Jonathan Ansiporovich.

Von technischer Seite konnte ich auf nahezu uneigennützige Unterstützung von Menschen zählen, die an dieses Projekt geglaubt haben. Konkret handelt es sich dabei um Álvaro Pérez (den effizientesten und freundlichsten Programmierer der Welt) sowie Sergio Nadal und sein Entwicklerteam der Agentur Maubic, die meine Kriminalfälle als Smartphone-App umgesetzt hat.

Doch wie bereits zu Beginn des Buches erwähnt, danke ich vor allem den Hobbydetektiven, die von Anfang an online dabei waren, Spaß an diesem Projekt hatten und es geteilt haben, sodass es zu dem werden konnte, was es heute ist. Wir sehen uns an den nächsten Tatorten!